W9-AVJ-159

COURIR

DU MÊME AUTEUR

LE MÉRIDIEN DE GREENWICH, *roman,* 1979
CHEROKEE, *roman,* 1983, ("double", n° 22)
L'ÉQUIPÉE MALAISE, *roman,* 1986, ("double", n° 13)
L'OCCUPATION DES SOLS, 1988
LAC, *roman,* 1989, ("double", n° 57)
NOUS TROIS, *roman,* 1992
LES GRANDES BLONDES, *roman,* 1995, ("double", n° 34)
UN AN, *roman,* 1997
JE M'EN VAIS, *roman,* 1999, ("double", n° 17)
JÉRÔME LINDON, 2001
AU PIANO, *roman,* 2003
RAVEL, *roman,* 2006

JEAN ECHENOZ

COURIR

LES ÉDITIONS DE MINUIT

L'ÉDITION ORIGINALE DE CET OUVRAGE A ÉTÉ
TIRÉE À QUATRE-VINGT-DIX-NEUF EXEMPLAIRES SUR
VERGÉ DES PAPETERIES DE VIZILLE, NUMÉROTÉS DE
1 À 99 PLUS DIX EXEMPLAIRES HORS COMMERCE
NUMÉROTÉS DE H.-C. I À H.-C. X

Il convient de restituer aux journalistes du quotidien L'Équipe, *entre 1946 et 1957,
les quelques mots ou phrases qui, dans ce livre, leur appartiennent.*

ISBN 978-2-7073-2048-3

1

Les Allemands sont entrés en Moravie. Ils y sont arrivés à cheval, à moto, en voiture, en camion mais aussi en calèche, suivis d'unités d'infanterie et de colonnes de ravitaillement, puis de quelques véhicules semi-chenillés de petit format, guère plus. Le temps n'est pas venu de voir de gros panzers Tiger et Panther menés par des tankistes en uniforme noir, qui sera une couleur bien pratique pour cacher les taches d'huile. Quelques Messerschmitt monomoteurs de reconnaissance de type Taifun survolent cette opération mais, seulement chargés de s'assurer de haut que tout se passe tranquillement, ils ne sont même pas armés. Ce n'est qu'une petite invasion éclair en douceur, une petite annexion sans faire d'histoires, ce n'est pas encore la guerre à proprement parler. C'est juste que les Allemands arrivent et qu'ils s'installent, c'est tout.

Le haut commandement de l'opération se déplace en automobiles Horch 901 ou Mercedes 170 dont les vitres arrière, obturées par des rideaux gris finement plissés, ne laissent pas bien distinguer les généraux. Plus exposées, les calèches sont occupées par des officiers moins gradés à long manteau, haute casquette et croix de fer serrée sous le menton. Les chevaux sont montés par d'autres officiers ou remorquent des cuisines de campagne. Les camions transporteurs de troupes appartiennent au modèle Opel Blitz et les motos, des side-cars lourds Zündapp, sont pilotées par des gendarmes casqués à collier métallique. Tous ces moyens de transport s'ornent d'oriflammes rouges à disque blanc contenant cette croix noire un peu spéciale qu'on ne présente plus, et que les officiers arborent aussi sur leurs brassards.

Quand tout ce petit monde, il y a six mois, s'est présenté dans les Sudètes, il a été plutôt bien reçu par les ressortissants allemands de la région. Mais à présent, passée la frontière de Bohême-Moravie, l'accueil est nettement plus froid sous le ciel bas et plombé. À Prague, le petit monde est entré dans un silence de pierre et, dans la province morave, les gens ne sont pas non plus massés au bord des routes. Ceux qui s'y sont risqués considèrent ce cortège avec moins de curiosité que de circonspection sinon de franche antipathie, mais quelque chose leur dit qu'on ne plaisante pas, que ce n'est pas le moment de le faire voir.

Émile n'a pas rejoint ces spectateurs car il a beaucoup d'autres choses à faire. D'abord, ayant quitté depuis trois ans l'école où sa famille n'avait pas les moyens de le maintenir, il occupe en usine un emploi d'apprenti avec lequel on ne plaisante pas non plus. Puis, quand il sort de l'atelier, il suit des cours de chimie dans l'idée d'être un jour autre chose qu'apprenti. Enfin, quand il a le temps de rentrer chez lui, il donne un coup de main à son père dans le jardin qui n'est pas un jardin d'agrément, qui est l'endroit où l'on doit faire pousser ce qu'on mange, point sur lequel on plaisante encore moins. Émile a dix-sept ans, c'est un grand garçon blond au visage en triangle, assez beau, assez calme et qui sourit tout le temps, et l'on voit alors ses grandes dents. Ses yeux sont clairs et sa voix haut perchée, sa peau très blanche est de celles qui redoutent le soleil. Mais de soleil, aujourd'hui, point.

2

Entrés en Moravie, les Allemands s'y établissent donc et occupent Ostrava, ville de charbon et d'acier près de laquelle Émile est né et où prospèrent des industries dont les plus importantes, Tatra et Bata, proposent toutes deux un moyen d'avancer : la voiture ou la chaussure. Tatra conçoit de très belles automobiles très coûteuses, Bata produit des souliers pas trop mal pas trop chers. On entre chez l'une ou l'autre quand on cherche du travail. Émile s'est retrouvé à l'usine Bata de Zlin, à cent kilomètres au sud d'Ostrava.

Il est interne à l'école professionnelle et petite main dans le département du caoutchouc, que tout le monde aime mieux éviter tant il pue. L'atelier où on l'a d'abord placé produit chaque jour deux mille deux cents paires de chaussures de tennis à semelles de crêpe, et le premier travail d'Émile a consisté à égaliser ces semelles avec une roue dentée. Mais les cadences étaient redoutables, l'air irrespirable, le rythme trop rapide, la moindre imperfection punie par une amende, le plus petit retard décompté sur son déjà maigre salaire, rapidement il n'y est plus arrivé. On l'a donc changé de poste pour l'affecter à la préparation des formes où ce n'est pas moins pénible mais ça sent moins mauvais, il tient le coup.

Tout cela dure un moment puis ça s'arrange un peu. À force d'étudier tant qu'il peut, Émile est affecté à l'Institut chimique et là c'est plutôt mieux. Même s'il ne s'agit que de préparer de la cellulose dans un hangar glacial bourré de bonbonnes d'acide, Émile trouve ça beaucoup mieux. Certes il préférerait, en laboratoire, participer à l'amélioration de la viscose ou au développement de la soie artificielle, mais il manifeste en attendant que ça lui plaît bien. Ça lui plaît tant que l'ingénieur en chef, content de lui, l'encourage à suivre les cours du soir de l'École supérieure. Une bonne petite carrière de chimiste tchèque se dessine lentement.

Un seul problème à l'usine : désireux de vendre toujours plus de leurs chaussures qu'ils exportent dans le monde entier, ce qu'on peut comprendre, et non contents d'avoir poussé la rationalisation du travail aussi loin que possible, les établissements Bata veulent également faire connaître leur nom par tous les moyens et usent à cet effet de tous les supports publicitaires imaginables. Entre autres initiatives ils ont engagé une équipe de football maison, qui doit transporter les couleurs de la marque dans tous les stades. Émile est assez indifférent à cela mais par malheur ils organisent aussi, chaque année, une course à pied nommée Parcours de Zlin à laquelle doivent participer tous les étudiants de l'école professionnelle, accoutrés de maillots portant le sigle de la firme. Et ça, Émile déteste.

Il a horreur du sport, de toute façon. Il traiterait presque avec mépris ses frères et ses copains qui emploient leurs loisirs à taper niaisement dans un ballon. Quand ils l'obligent parfois à jouer, il participe à son corps défendant, ne sait pas s'y prendre, n'entend rien aux règles. Tout en feignant de s'intéresser, il regarde ailleurs en tâchant discrètement d'éviter le ballon dont il ne comprend jamais la trajectoire. Et si celui-ci lui arrive par malheur dans les jambes, Émile donne un grand coup de pied dedans pour s'en débarrasser, dans n'importe quelle direction, trop souvent celle des buts de sa propre équipe.

Donc, le Parcours de Zlin, Émile n'y trouve nul intérêt, n'y prend part que contraint et forcé, tente de sécher tant qu'il peut cette corvée mais en vain. Il a beau feindre chaque fois de boitiller une heure avant le départ, arguant d'une cruelle blessure à la cheville ou au genou pour obtenir une dispense, il a beau grimacer et geindre énormément, les médecins ne sont jamais dupes. Il faut y aller. Bon, il y va. Le sport, Émile aime d'autant moins que son père lui a transmis sa propre antipathie pour l'exercice physique, lequel n'est à ses yeux qu'une pure perte de temps et surtout d'argent. La course à pied, par exemple, c'est vraiment ce qu'on fait de mieux dans le genre : non seulement ça ne sert strictement à rien, fait observer le père d'Émile, mais ça entraîne en plus des ressemelages surnuméraires qui ne font qu'obérer le budget de la famille.

Ce budget – père ouvrier en menuiserie, mère au foyer, sept enfants, pas un rond –, Émile sait bien ce que c'est. Il est d'accord sur la question du sport avec son père qui d'autre part, plutôt qu'il entre à l'usine, l'aurait mieux vu instituteur. Émile voulait bien passer l'examen mais traditionnellement en Tchécoslovaquie, depuis le XVIIIe siècle, l'instituteur est un cantor avant tout chargé de faire chanter les enfants, de leur faire écouter et connaître la musique. Or Émile chante, hélas, comme une seringue : recalé d'office. Bata, donc.

Bata où, hormis cette histoire désagréable de Parcours de Zlin, l'avenir d'Émile commencerait donc à se profiler pas mal mais voilà, les Allemands sont là. Les drapeaux nazis ont investi la ville, leurs porteurs paradent sur ses places, dans ses rues, jusque dans les bureaux de l'usine de chaussures où ils s'emparent des pouvoirs comme partout. On coupe les crédits de recherche en laboratoire, on suspend les essais en cours, on interdit les expériences. Reste à poursuivre ses études, passer ses examens et, en attendant, retourner à l'atelier.

3

La propagande national-socialiste s'est installée
sous ses diverses formes. Censure de la presse,
des films, des livres et des chansons. Interdiction
d'écoute des radios étrangères. Meetings et conférences assez obligatoires, distribution de brochures, affichage à grande échelle. Les rues sont con-
stellées de journaux muraux, de photoreportages
démontrant que l'armée d'occupation est on ne
peut plus correcte. Et d'ailleurs il n'y a pas d'occupation. L'armée allemande respecte les personnes
et les biens. Le soldat allemand est l'ami des
enfants.

Au cinéma, quand Émile a le temps et l'argent
pour y aller, diffusés avant le film comme les docu-
mentaires classiques et présentés comme tels, sous
forme de témoignages sérieux fondés sur des

informations sérieuses, il peut voir les nouveaux journaux d'actualités. Ils consistent en images harmonieuses, séduisantes, sur lesquelles une chaleureuse voix off l'interpelle affectueusement en proclamant le retour à la normale, à la paix, la cohésion et la fraternité.

Entretenue par des organisations de jeunesse aussitôt créées, la propagande s'exerce également fort dans les écoles et dans les universités. L'une des premières initiatives de l'occupant est de monter pour les jeunes gens des manifestations sportives, athlétisme et jeux collectifs, et là encore c'est assez obligatoire.

La première course à laquelle participe Émile est donc un cross-country de neuf kilomètres mis au point par la Wehrmacht à Brno et qui va opposer une sélection allemande athlétique, élancée, arrogante, impeccablement équipée, tous pareils dans le genre übermensch, à une bande de Tchèques faméliques et dépenaillés, jeunes paysans hagards en caleçon long ou vagues footballeurs amateurs mal rasés. Émile ne participe pas de gaieté de cœur à cette épreuve mais c'est un garçon consciencieux, il s'y met, il donne ce qu'il peut. Comme il termine deuxième sans s'en apercevoir et au vif dépit des aryens, un entraîneur du club local s'intéresse à lui. Tu cours bizarrement mais tu ne cours pas si mal, lui dit-il. Enfin vraiment tu cours très bizarrement, insiste l'entraîneur en secouant une tête incrédule, mais bon, tu cours pas mal. De ces deux propositions, Émile n'écoute et n'entend distraitement que la seconde.

Comme les copains ont repéré que, même bizarre, il n'est pas mauvais, ils lui proposent de revenir courir avec eux mais il refuse. Il aime bien courir comme nous tous de temps en temps, mais enfin pas plus que ça. Malgré ce bon résultat par hasard de Brno, il ne croit pas spécialement à ses moyens, d'ailleurs il n'y pense pas, ce n'est pas son affaire et il voit bien de toute façon que la plupart des autres vont plus vite que lui. Les matins, quand on revient des exercices de gymnastique, il se prête à quelques sprints avec eux mais c'est bien pour leur faire plaisir et il se retrouve toujours dans les derniers. Donc il dit que non, qu'il n'aimerait mieux pas, que ça ne l'intéresse pas et qu'il ne veut surtout, mais alors surtout pas entendre parler de compétition.

Or on sait comme il est, Émile, quand il dit non c'est en souriant. Il sourit tout le temps de toute façon, donc on l'aime bien, donc on insiste. Il se fait prier mais n'est pas difficile à convaincre, et de cette faiblesse il s'en veut un peu. Il a beau expliquer qu'il n'a pas très envie d'y aller, il ne sait jamais refuser longtemps. Allez, finit-il par céder, d'accord. Et il vient.

L'imprévu, c'est que bientôt ça commence à lui plaire. Il ne dit rien mais il paraît y prendre goût. Au bout de quelques semaines voici même qu'il se met à courir seul, pour son propre plaisir, ce qui l'étonne lui-même et il aime mieux ne pas en parler à qui que ce soit. La nuit tombée, quand personne ne peut le voir, il fait aussi vite que possible l'aller-retour entre l'usine et la forêt. S'il n'en dit pas un mot, les autres finissent par s'en apercevoir, insistent encore et lui, toujours trop gentil pour résister longtemps, il y retourne puisqu'ils y tiennent tant.

Or, tout gentil qu'il est, il s'aperçoit aussi qu'il aime bien se battre : les premières fois qu'on le met sur une piste, il y va de toutes ses forces et gagne facilement deux courses de quinze cents et de trois mille mètres. On le félicite, on l'encourage, on le récompense d'une tartine et d'une pomme, on lui dit de revenir et il revient et se met à s'entraîner au stade, d'abord pour rire puis de moins en moins. Enclavé dans la zone industrielle et fort laid, le stade de Zlin se trouve en face de l'usine électrique : le vent y chasse la fumée des cheminées, la suie et la poussière qui retombent dans les yeux des sportifs. Malgré ces inconvénients, Émile commence à bien l'aimer aussi, ce stade, l'air lourd qu'on y respire est quand même bien plus pur que celui de l'atelier.

À l'atelier, d'ailleurs, ça ne s'arrange pas. À la suite d'une embrouille, et comme sanction professionnelle, Émile a été changé de poste et chargé de la pulvérisation des silicates. C'est une tâche encore plus ingrate que les autres, la poussière blanche qui le recouvre et qu'il absorbe lui donne l'air d'un spectre en apnée à plein temps. Comme il s'en plaint et sollicite une mutation, le chef du personnel lui propose obligeamment, s'il n'est pas content, d'être envoyé en camp de travail. Émile n'insiste pas.

4

Cependant que les Allemands font maintenant
régner la terreur dans le protectorat, qu'on dé-
porte et massacre, qu'on brûle et rase à tour de
bras, continuer à courir permet peut-être de penser à autre chose. Comme Émile vient d'être honorablement battu sur trois mille mètres, deuxième à deux secondes du vainqueur, un ré-
dacteur fait imprimer son nom pour la première
fois dans un journal local qui n'a pas le droit, de
toute façon, d'imprimer grand-chose d'autre.
Émile relit dix fois l'article comme on fait dans
ces cas-là, mais c'est surtout ce nom qu'il regarde,
ce drôle de nom qu'il ne connaissait pas sous cette
forme imprimée, qu'il n'avait jamais vu comme
ça, drôle d'effet de se trouver avec cette nouvelle
identité publique. Encore qu'identité publique, à

Zlin à vingt ans, il ne voit pas très bien ce que ça veut dire.

Ce qu'il ne comprend pas non plus, c'est que les autres, au stade, parlent chaque fois gravement de leur course, avec autant de sérieux que si ça l'était. Or courir, pour Émile, est plutôt devenu un plaisir même s'il comprend aussi que ce plaisir doit s'apprendre. Du coup, c'est lui qui se met à en faire trop. L'hiver, entre deux saisons, il s'entraîne inconsidérément pendant que les autres se reposent chez eux. Il fonce tous les jours sur la route jusqu'au village voisin, huit kilomètres aller-retour sans s'interrompre, et retourne sans cesse au stade bien que ça fatigue et que ça fasse mal. Il s'obstine tellement que les autres commencent à s'inquiéter pour lui. Tu es complètement malade, Émile, s'alarment-ils, tu vas finir par t'épuiser. Travaille plutôt ton style. Mais non, dit-il, le style c'est des conneries. Et puis ce qui ne va pas chez moi, c'est que je suis trop lent. Tant qu'à courir, il vaut mieux courir vite, non ?

Il refuse donc de ne travailler que son endurance, comme eux qui se préparent seulement sur les longs parcours de fond ou de demi-fond qu'ils ont choisis pour domaine. Lui, inversant le système, s'entraîne aussi de plus en plus en vitesse, sur de petites distances indéfiniment ré-

21

pétées, ce qui commence à le faire progresser pas mal.

Pas mal au point de pouvoir envisager de faire face à d'autres spécialistes que les vieux copains de Zlin. Au championnat qui oppose, à Prague, la Bohême à la Moravie, Émile s'inscrit pour la première fois à l'épreuve des quinze cents mètres, se confrontant aux trois meilleurs coureurs tchèques en demi-fond. Ceux-ci, s'étant soigneusement concertés, ont mis au point un plan d'attaque contre le détenteur du record, un nommé Salé. Ce plan est simple. Ils vont courir dès le départ le plus vite possible dans l'idée que ledit Salé, connu comme sprinter, finira par ralentir et cessera de lutter en se voyant trop loin de ce peloton de tête. Tout simple qu'il soit, le système des trois Tchèques est sur le point de marcher, Salé se décourage, les trois Tchèques sont contents. Mais ils ont oublié Émile qui a son point de vue personnel sur la marche à suivre. Lui s'est d'abord contenté de suivre respectueusement Salé puis, voyant que celui-ci va céder, il se permet de le dépasser pour talonner les trois premiers qu'il laisse l'un après l'autre derrière lui. Deux cents mètres avant l'arrivée, il démultiplie sa vitesse, sachant qu'il peut le faire car s'étant préparé pour ça : il gagne.

On ne connaît pas le sprint final à cette époque, on tâche toujours d'étaler son effort, de le répartir sur une épreuve. Soucieux de s'économiser jusqu'à la fin, on ne croit pas pouvoir et surtout on n'ose pas réserver toute sa vitesse pour la déployer dans la dernière ligne droite, donner sa plus grande mesure en fin de course. Eh bien voilà tout l'intérêt de se préparer aussi sur de petites distances : le sprint final, Émile vient de l'inventer.

Devenu très attentif aux battements de son cœur et à son degré de fatigue, Émile aimerait comprendre jusqu'où va son endurance. Il continue de s'entraîner tout l'automne, tout l'hiver, et pas seulement au stade. Dans la rue, sur les routes, en forêt, dans les champs, partout au point de se faire mal et par n'importe quel temps, il court moins comme un homme que comme une de ces bêtes plus douées que nous pour ça. Comme le chemin de chez lui à l'usine passe par une allée de peupliers, il tente un nouveau truc pour voir. Le premier jour, il retient son souffle en marchant jusqu'au quatrième peuplier, les deux jours suivants jusqu'au cinquième, puis au sixième, et ainsi de suite tous les deux jours jusqu'à ce qu'il parvienne enfin au bout de l'allée sans respirer. Mais une fois qu'il y est arrivé, il s'évanouit. Il s'évanouit une autre fois en prenant une douche froide après douze lignes droites exécutées à toute vitesse. Il ne recommencera plus ces excentricités mais tout ça l'intéresse. Il veut toujours savoir jusqu'où.

C'est ainsi qu'il se retrouve en train de battre un record, à Zlin, où il devient le premier de son pays à franchir cinq mille mètres en un quart d'heure. On s'exclame, on s'exalte, on prévient la presse nationale mais les types de Prague n'y croient pas. Ils pensent d'abord qu'il s'agit d'une erreur de téléscripteur, puis que les chronomètres de Zlin sont truqués. Et puis Zlin, qu'est-ce que c'est que ce bled. Qu'est-ce que c'est que ce minable. Qu'est-ce que c'est que cet escroc. N'empêche, après avoir encore amélioré son quart d'heure dans son bled, Émile vient courir quelque temps plus tard deux mille mètres à Prague même et il y bat un nouveau record, son troisième de l'année. Les types de Prague, force leur est d'admettre qu'ils se sont trompés.

5

L'heure est sévère à Zlin, l'hiver a été rude. Les bombardements de novembre sur la ville ont provoqué de gros dégâts. Plus de chauffage nulle part et l'on se gèle en attendant l'issue de la guerre qui, se dit-on, ne devrait peut-être plus tarder. Depuis le début du printemps, les cheminées de la mairie occupée crachent en effet sans cesse une fumée brune et poisseuse qui empuantit toute la ville et n'arrange pas la qualité de l'air au stade : il semble que les Allemands se soient mis à brûler leurs archives. Qu'ils fassent ainsi disparaître leurs documents secrets donne la mesure de leur inquiétude et ce n'est pas mauvais signe, on a un vague espoir. Nul autre foyer, nulle autre source de chaleur dans Zlin en noir de cendre et blanc glacial sauf que, dans leur chambre à l'école professionnelle, Émile et ses copains ont bricolé un vieux poêle trouvé dans les décombres. Malgré la peine de mort par pendaison prévue pour de tels actes, on a glané du bois parmi les ruines, on a passé l'hiver comme ça.

Au printemps, comme le front se rapproche toujours, il est interdit de s'entraîner comme d'ailleurs de faire quoi que ce soit. Mais avec le soleil revenu qui vous donne une de ces envies de prendre l'air, Émile ne résiste pas au désir d'aller effectuer quelques tours de piste. Trouvant le stade verrouillé, il escalade l'enceinte et, par une fenêtre mal fermée, passe dans les vestiaires d'où il gagne la cendrée. Elle est en sale état, son mâchefer transpercé de mauvaises herbes se délite mais elle est là.

Émile s'est mis à l'arpenter en mesurant son souffle quand retentissent les sirènes. Depuis le début des années de guerre, il a appris à connaître leur code avec précision, il sait que leurs notes élongées, cette fois, signalent une alerte et que des blindés sont en vue. C'est peut-être le signe de l'arrivée tant attendue des forces de libération. Une série de détonations commence en effet de faire vibrer l'air par saccades : disposée sur la pente au-dessus du stade, la batterie de D.C.A. allemande vient d'ouvrir le feu. Émile quitte prudemment la piste mais, avant de rentrer, profite de ce

26

qu'il est là pour repasser par les vestiaires, récupérant les tenues d'entraînement de ses copains qu'il prend sous le bras pour les rapporter en ville. Rasant les murs des rues vidées par l'alerte, il est contraint de s'arrêter, se rencognant dans une entrée d'immeuble sur la place de l'Église qu'une colonne de véhicules traverse à toute allure en direction de l'Ouest. Les occupants n'ont pas tardé à tenter de s'échapper, pas perdu tout espoir de s'en tirer mais on voit sur leurs têtes qu'ils ont peur. Quelque part entre la ville et la forêt, des tirs de mitrailleuses commencent à se faire entendre, indices d'échanges sérieux et que l'armée soviétique pourrait vraiment n'être pas loin.

D'abord soucieux, malgré ce qui est en train de se produire, de rendre les tenues à leurs propriétaires, Émile court vers l'école professionnelle dès que la voie est libre. Mais il trouve les portes fermées, tout le monde s'étant réfugié dans les caves dès le commencement de l'alerte. De l'autre côté d'une rue qu'il allait traverser, deux maisons viennent de s'écrouler sous l'impact d'une bombe. Émile se replie précipitamment et, trouvant un chemin de traverse pour rejoindre l'école, il entend quelqu'un crier quelque part que, oui, les Russes sont arrivés, qu'ils se sont mis à tirer depuis la forêt.

D'ailleurs, au beau milieu du jardin de l'internat, en effet les voilà : des soldats vêtus d'uniformes inconnus avancent en scrutant nerveusement autour d'eux. Émile se met à crier à son tour et court à leur rencontre, il est le premier à leur parler, à leur dire qu'on les attendait, qu'il est content de les voir, qu'il leur souhaite la bienvenue, il dit n'importe quoi. Les soldats répondent brièvement en regardant ailleurs, mais ils répondent quand même. On ne dispose pas de beaucoup de mots pour se faire comprendre mais on se serre rapidement la main, on se tape sur l'épaule, on échange par mimiques et par gestes, on s'entend à peu près comme ça.

Bientôt, sortant l'un après l'autre de leur trou, les habitants de Zlin s'approchent. Les soldats soviétiques ont de bons sourires fatigués et s'inquiètent de savoir où sont les Allemands. Déjà filés pour la plupart, leur dit-on, montrant par où ont fui les derniers véhicules. Mais tout n'est pas réglé, une partie d'entre eux doit se cacher encore dans le coin. Il va falloir les déloger : arrivées dans la soirée, quelques unités font halte à Zlin. Les postes de commandement, l'emplacement des batteries sont promptement fixés pour commencer le nettoyage et, quelques minutes plus tard, les obusiers entreprennent de s'exprimer.

La nuit tombée, les choses se calment, Émile rentré se coucher ne parvient pas à s'endormir. Il vient de s'assoupir enfin quand, vers minuit, un premier coup de feu le fait sursauter puis il entend un chœur de mitrailleuses se remettre en action. Soli, tutti, contrepoints, un solide combat d'artillerie vient de s'engager contre l'ennemi qui tente avec acharnement de dégager ses dernières unités encerclées.

Rien n'est donc gagné pour autant et la population reste saisie de frayeur, fort inquiète de son sort si la tentative allemande réussissait car on connaît alors la suite, otages et représailles, etc. On se rue à nouveau dans les caves et les abris cependant que les défenseurs tiennent bon, ripostent puis reprennent la main et, au bout d'un moment, les forces d'occupation semblent repoussées. Émile, qui observe ce qui se passe et ne s'est pas réfugié comme les autres, s'est armé d'une pelle de campagne pour donner tant bien que mal un coup de main aux soldats, il les aide à creuser des tranchées, il ne sert pas à grand-chose mais c'est toujours ça. D'ailleurs on dirait que ça s'arrange quand tout à coup, les Allemands se remettent à tirer furieusement, cherchant leurs victimes sur les grandes pentes exposées derrière la ville et ça n'en finit pas.

Le combat se poursuit toute la nuit. Retranchée

dans la forêt, ce qui reste de l'infanterie allemande se démène pour tenir, détruire un maximum de monde avant de pouvoir envisager de se rabattre. Mais cependant qu'on les situe précisément, qu'on les contrôle puis circonvient, on a pris soin de faire appel à des forces d'appoint qui surviennent rapidement en renfort. Il suffit de quelques heures pour que les dernières poches de résistance, quand le soleil se lève, aient toutes été exterminées par les tirs de mortiers soviétiques. Le silence retombe sur Zlin. La guerre est finie.

6

La guerre étant finie, on s'arme de nouveau. La Tchécoslovaquie qui a retrouvé ses frontières reconstitue ses troupes et, appelé à faire son service, Émile quitte sans regret les établissements Bata. La vie de garnison lui convient tout de suite mieux que l'usine. Entraîné comme il est, l'exercice quotidien n'est rien pour lui, il aime bien manœuvrer dans la campagne morave, gravir les collines avec son régiment, profiter de la nature en cadence et respirer le bon air loin des poussières de silicate.

Puis rien n'est perdu pour la course : comme des championnats militaires sont organisés dans la République libérée, les officiers de l'état-major qui ont l'œil en matière de sport autorisent Émile à s'y rendre. Il y établit tranquillement deux nouveaux records et, à son retour, on le cite à l'ordre du jour pour avoir bien représenté son unité. Tout ne va décidément pas mal sous l'uniforme, si bien qu'Émile pense à s'inscrire à l'Académie où l'on forme les officiers de carrière. Officier, pas si mal, pourquoi pas. Et puis tout plutôt que retourner chez Bata. Il fait semblant d'hésiter cinq minutes mais, comme on l'y encourage, il postule, il est aussitôt admis. L'armée l'avait repéré depuis un moment de toute façon, qui raffole des athlètes et lui ouvre grand les bras.

Le jour de son arrivée à la caserne, jetant un coup d'œil par une fenêtre, il aperçoit une piste de course qui entoure une cour et paraît elle aussi lui sourire. Ça démarre plutôt bien même si la vie n'est pas si rose à l'Académie, mais bon, Émile fait ce qu'on lui dit de faire, étudie ce qu'on lui dit d'étudier, ne manque pas un jour d'exercice. Sauf que lui, quand les autres aspirants se reposent, se met en tenue de sport et va s'entraîner, ce qui porte encore ses fruits : quelques semaines plus tard, à Prague, il améliore encore ses records sur trois mille et cinq mille mètres, devançant tous ses concurrents de très loin.

À ce moment de sa vie, Émile n'a bien sûr aucune expérience des rencontres internationales. Or l'occasion se présente de se mesurer sur deux mille mètres avec l'élite mondiale des coureurs et notamment le Suédois Sundin au pas chic et léger, qui paraît avancer sans effort ni fatigue, accélère et diminue sa vitesse à volonté. Il faut bien dire que le style d'Émile, ce n'est pas du tout ça. Pendant la moitié de la distance, Émile se tient à la hauteur de Sundin, le surveille de près pour ne pas se laisser dépasser mais, quand le Suédois se lance en avant, Émile a beau s'accrocher, il n'arrive pas à le rejoindre et passe le ruban d'arrivée juste derrière lui. Il n'a donc pas gagné, cependant il bat le record tchécoslovaque.

À quelque temps de là, à Brno, il rencontre sur trois mille mètres le Hollandais Slijkhuis, coureur le plus rapide et le plus élégant d'Europe, dont la foulée suave enchante le public. Toujours vraiment pas le genre d'Émile qui se bat quand même pour chaque centimètre jusqu'à l'arrivée, mais en vain. Applaudissements prolongés dans les tribunes, Émile n'a toujours pas gagné, cependant il améliore le record tchécoslovaque.

Il n'est pas très content, trouve qu'il lui reste beaucoup à apprendre. Quand on le demande à Oslo, pour les premiers championnats d'Europe d'après-guerre, il ne se pense pas à la hauteur et n'aimerait donc mieux pas en être. Mais comme la Tchécoslovaquie tient à s'y faire représenter,

Émile prend l'avion malgré lui avec quatre camarades, c'est la première fois qu'il sort de son pays.

Émile, on ne l'a pas assez dit, est un garçon d'une grande curiosité d'esprit qui se promet de voir des choses nouvelles à l'étranger. Mais à Oslo, cantonné dans le petit quartier où on loge les athlètes, il n'a pas le temps de voir grand-chose de la ville. Dans ce bivouac de champions, rencontrant ses rivaux qui n'étaient pour lui que des noms scintillants de gloire, il tombe sur des types normaux : Wooderson a l'air d'un clerc de notaire, Slijkhuis est naïf comme tout, Nyberg assez marrant, Reiff un peu trop réservé, Pujazon content de lui. Mais il y a là surtout Heino, l'immense Viljo Heino, celui qu'on nomme le prestigieux coureur des forêts profondes, champion de Finlande et recordman du monde, l'homme mutique et décontracté qui a révolutionné l'art de la course en s'opposant aux fioritures de style pour rechercher systématiquement le moindre effort. Émile s'approche de lui comme s'il était un dieu, touche timidement ses jambes comme si c'étaient des reliques, l'autre se tait selon son habitude sans lui accorder un regard.

Tous ces types normaux-là, venant de l'Europe de l'Ouest, sont en tout cas très bien habillés, leurs survêtements sont formidables et les cinq Tchécoslovaques ne se sentent pas très à l'aise au milieu d'eux. Si peu de temps après la guerre, les privations demeurent, les moyens manquent et leur pays ne peut ou ne veut pas les équiper convenablement. Privés des effets d'entraînement qui sont de rigueur au défilé des championnats internationaux, ils doivent se présenter en petite tenue de sport, on se sent un peu tout nu, c'est assez humiliant.

Pour la première fois de sa vie, Émile se trouve donc au départ d'Oslo avec les meilleurs athlètes du monde, sous les yeux d'un public tendu, venu de partout, assoiffé de nouveaux records. Les grands champions, tous bien connus, sont acclamés à leur entrée, Wooderson par les uns, Heino par les autres, Émile par personne et qui sent trembler ses genoux.

Le silence se fait dans les tribunes, le coup de pistolet du départ rompt ce calme et la lutte des cinq mille mètres commence. Certains concurrents adoptent dès le début une cadence inouïe, vitesse qu'Émile juge infernale tout en cherchant du regard Wooderson, grand favori de l'affaire. Mais cet Anglais reste en arrière, à bonne distance des autres, on ne sait pas pourquoi. Émile, pas très sûr de lui ni de rien, se demande quelle tactique adopter. S'il reste près de Wooderson en adoptant son rythme, une défaillance de celui-ci peut entraîner la sienne. Sans beaucoup réfléchir, il se joint donc au peloton qui a pris la tête.

Les coureurs changent sans cesse de place, tantôt se portant en avant, tantôt restant en retrait, rendant tout pronostic de victoire impossible. Parfois Émile se trouve en sixième place, parfois en quatrième, c'est selon, à vrai dire il ne contrôle rien. Au troisième kilomètre, Slijkhuis est devant tout le monde, suivi de Wooderson qui gagne du terrain à chaque foulée. Dans l'avant-dernier tour, Slijkhuis tente de faire la différence en improvisant un sprint et prend alors une forte avance sur ses adversaires. Cependant Wooderson, resté sur ses gardes, ne le laisse pas gagner trop de terrain. Se fiant à son art de finir, le Britannique change de vitesse deux cents mètres avant l'arrivée. Son calcul était juste : il dépasse Slijkhuis et lui a pris cinq secondes en franchissant le ruban.

Durant sa première grande course, Émile s'est sans cesse maintenu dans le groupe de tête, a toujours gardé une allure honorable. S'il ne s'est pas fait d'illusions sur la victoire, il aurait quand même bien aimé arriver troisième. Mais Nyberg et Heino, nordiques plus aguerris et plus économes de leurs forces, sont remontés lui prendre quelques dixièmes sur la fin. Émile arrive cinquième, une fois de plus il n'a pas gagné, cependant il perfectionne le record tchécoslovaque.

Cette cinquième place est quand même un succès, Émile pourrait être content de lui mais comme toujours il ne l'est pas. Tout ça lui a rappelé qu'il doit encore aller plus vite, mieux organiser son effort, réserver de l'énergie pour la fin et, surtout, étudier avec soin la tactique de ses adversaires pour améliorer la sienne. Et puis il y a ce style qu'on lui reproche tout le temps, peut-être est-ce sa manière de courir qui le fait perdre, il faut repenser à tout ça. On verra.

Il rentre à l'Académie militaire le lendemain à midi. Une heure après, les aspirants doivent participer à une revue dont le programme comporte des figures de gymnastique. Émile aurait bien besoin de se reposer mais il n'y pense même pas, change précipitamment de tenue et rejoint les rangs pour prendre part aux exercices.

7

Il a beau ne pas gagner toutes ses courses, n'empêche qu'à force d'accumuler ces records Émile est devenu, l'air de rien, l'idole de son pays. Ce qu'il représente maintenant aux yeux du public tchèque, c'est simple : il suffit qu'un matin paraisse dans les journaux une brève indiquant qu'il se mettra en piste à dix-huit heures pour que vingt mille personnes se battent le soir même à l'entrée du stade Masaryk.

On lui propose une fois de représenter l'armée tchécoslovaque aux championnats des forces alliées qui vont avoir lieu à Berlin. Fort soutenue par sa hiérarchie, sa demande de participation est agréée. Bon, dit Émile, très bien, j'y vais, et il part seul un vendredi, en tenue militaire et en train, direction Berlin avec changement à Dresde. Les

championnats doivent débuter le samedi et il
n'arrive à Dresde que vers minuit. La ville a été
entièrement détruite par les bombardements, ce
ne sont qu'immeubles effondrés, chaussées défon-
cées, ruines pendantes, il ne reste plus grand-
chose de Dresde à part la gare. En sortant de
celle-ci, Émile essaie de trouver son chemin parmi
les décombres. Pas une lumière dans les rues
dévastées, personne pour lui indiquer son chemin,
Émile est affamé, fatigué, il a sommeil, et à part
ça il pleut des cordes.

Il finit par tomber sur un lieutenant américain
qui met d'abord un temps fou à le comprendre
et à identifier son uniforme, puis qui accepte de
le guider. Émile le suit jusqu'à une sorte de salle
d'attente, ancien abri antiaérien où traînent quelques sentinelles. Les soldats désœuvrés sont contents de voir quelqu'un venir meubler leur ennui,
surtout vêtu de cette tenue bizarre qu'ils n'avaient
jamais vue. Ils s'étonnent mais, dans l'état où il
est, Émile n'a pas très envie de s'expliquer. Il doit
courir demain, c'est ce qu'on lui a fait comprendre, le train pour Berlin part à cinq heures du
matin, ce serait bien de pouvoir se reposer un
moment s'il ne veut pas arriver au stade épuisé.
Les sentinelles s'en foutent, n'arrêtent pas de lui
poser des questions qu'Émile ne comprend pas,

il essaie de leur répondre par gestes de plus en plus évasifs et dilatoires. Les soldats se découragent, le laissent enfin tranquille, lui désignent un banc, Émile se couche dessus et dort une heure ou deux.

Il n'arrive à Berlin que le lendemain après-midi, plus fatigué que jamais, toujours tout seul et mort de faim. Il se débrouille pour savoir où se trouve le stade, s'y précipite pour ne pas rater le départ de l'épreuve, il n'en peut plus. Entré dans les lieux après qu'on lui a fait toute une histoire au contrôle, se perdant sans cesse dans l'énormité du bâtiment, posant à son tour des questions que personne ne comprend sans pour autant saisir ce qu'on essaie de lui répondre, il réussit enfin à trouver un des organisateurs. Émile est soulagé d'apprendre que sa course n'est prévue que pour le jour suivant.

Mais ce n'est pas tout, il faut encore s'inscrire, et donc trouver d'abord l'autre organisateur chargé des inscriptions. On finit par le lui indiquer, et cette fois c'est un capitaine anglais qui s'occupe de la liste. Quel pays ? demande le capitaine. Tchécoslovaquie, répond Émile. Bien, dit le capitaine, combien de participants ? Eh bien, dit Émile, moi. Oui, dit le capitaine, d'accord, mais à part vous ? Eh bien moi, répète Émile, juste moi. Ah bon, s'étonne le capitaine en hochant la tête, juste un. Oui, confirme Émile, juste un. Moi. Bon, patiente le capitaine, et c'est pour quelle épreuve ? Le cinq mille mètres, dit Émile. Va pour le cinq mille mètres, dit le capitaine en s'apprêtant à porter son nom sur la liste appropriée. Puis il se reprend, suspend son crayon et considère longuement Émile, et sans doute le trouve-t-il un peu débraillé, tout froissé, pas rasé, mal peigné, pas l'air très sérieux somme toute. Et vous avez déjà couru cinq mille mètres, insinue-t-il avec douceur. Ça oui, dit Émile, plusieurs fois. Très bien, dit le capitaine de plus en plus onctueux, et quel temps avez-vous atteint sur cette distance ? Ma foi, répond simplement Émile, j'ai fait 14'25''8. Pardon ? sursaute le capitaine. 14'25''8, répète Émile. Un instant, dit le capitaine, c'est possible, ça ? Vous pouvez vérifier, dit Émile, c'est facile, Oslo, championnats d'Europe. Bien entendu, bien sûr, dit le capitaine en notant précipitamment le nom d'Émile.

En sortant de là, ne trouvant pas de voiture, Émile embarque sur la plate-forme d'un camion qui l'emmène vers les baraquements assignés aux participants. C'est un camp minable et boueux où, d'abord, Émile se perd encore pour finir par se voir accorder un galetas où, ensuite, un soldat ivre et déboutonné lui apporte un fond tiédasse de tasse de thé. Il boit ce thé, dort comme une souche et le lendemain il retourne au stade.

C'est celui qui a été construit avant la guerre pour les Jeux olympiques, la fois où le Führer aurait refusé de serrer la main de Jesse Owens à cause qu'il était nègre. Jesse Owens s'est maintenant retiré de la compétition mais Larry Snider, son entraîneur d'alors, fait aujourd'hui partie des invités d'honneur. Les Américains ont décoré le stade de la même manière qu'à cette époque, il n'y a plus une place libre aux tribunes et le public est surtout composé de soldats. Ça commence. Un défilé d'athlètes de toutes les nations prenant part aux championnats doit ouvrir la compétition. Le nom de chaque pays est inscrit sur une pancarte portée par un soldat devant les ressortissants des États respectifs. On va y aller.

Émile cherche partout le porteur de la pancarte où doit se trouver l'inscription *Czechoslovakia* et, dès qu'il l'a trouvé, se présente en lui tendant la main et souriant comme toujours. C'est encore un soldat américain qui considère Émile comme la veille l'a fait le capitaine, puis cherche du regard quelqu'un derrière lui, ne voit personne et, revenant vers Émile : Quoi, dit-il, juste un ? Émile pourrait commencer de s'habituer mais non, il est embarrassé, il acquiesce d'un signe de tête. Oui, répond-il enfin, juste un. Le soldat ne peut cacher le mépris que lui inspire ce minable. Au départ il ne trouvait pas mal de défiler devant une bande d'athlètes, à présent il se sent ridicule de ne devoir marcher que devant un seul. Son prénom est Joe et, d'un coup, Joe n'a plus de goût à rien. Il est presque humilié. Il laisserait bien tomber tout ça, maintenant, mais c'est un peu tard.

Trop tard : la fanfare attaque les premières notes d'une marche d'ouverture. Joe se fend tristement d'un sourire torve. Allez, viens, dit-il avec amertume, comme outragé dans son honneur. On y va. Viens donc. Les athlètes entrent dans le stade par la grande porte, commencent à défiler devant les tribunes sous les clameurs, tous vivement ovationnés dans leurs belles tenues d'entraînement. Mais quand un seul individu paraît derrière la pancarte *Czechoslovakia*, seul et seulement vêtu d'un short et d'un haut de survêtement délavé, le stade entier s'effondre de rire. Tout le monde se lève pour mieux voir ça. Les envoyés spéciaux tirent leur calepin de leur poche et se lèchent les lèvres en fourbissant leurs adjectifs pour bien noter la scène, les reporters d'actualités et les cameramen la filment et la photographient avec bonheur en aiguisant leurs angles.

Émile a beau être d'un heureux naturel, il est quand même assez blessé par l'énorme hilarité qu'à lui seul il vient de provoquer. Il est donc tout seul, il se sent très seul et plutôt malheureux après que Joe l'a vite laissé tomber, dès la fin du défilé, en jurant et jetant sa pancarte par-dessus son épaule. Il écoute les discours d'ouverture sans les comprendre, tout en contemplant distraitement les drapeaux nationaux qui flottent ou bien qui pendent – j'ignore si le vent souffle ce jour-là. Émile s'est assis à l'ombre dans un coin de tribune, il est un peu voûté, il considère alternativement ses pieds et le mouvement sur la piste, en attendant qu'il se passe quelque chose.

Or un Tchèque émigré, engagé dans l'armée américaine, l'a quand même repéré comme une bonne occasion de parler un peu la langue. Il vient s'asseoir près d'Émile et discute un moment avec lui. Et toi, alors, finit-il par lui dire, tu cours sur quelle distance ? Cinq kilomètres, répond Émile d'une voix lasse. Quoi, s'écrie l'autre épouvanté, tu ne sais pas que ça fait un moment qu'on a convoqué ceux du cinq mille ? On les a même appelés trois fois. Regarde le coin, là-bas, ils y sont déjà tous.

Émile s'étrangle, saute sur ses pieds, bondit hors de la tribune et fend la diagonale du stade sur un train de sprinter décérébré. Tout en se débarrassant en courant de son survêtement, ce qui l'aveugle un instant et manque de lui faire se casser la figure, il pousse des cris en agitant les bras, essayant d'attirer l'attention des hommes groupés sur la ligne de départ, heureusement il arrive à temps.

Qui c'est, lui ? l'accueille-t-on sans aménité. Vous aussi, vous voulez courir ? Et vous sortez d'où ? On cherche son nom sur la liste, on ne le trouve pas. En l'inscrivant la veille, peut-être impressionné par les 14′25″8, le capitaine a oublié de reporter les corrections sur la liste destinée au starter. Mais quelques concurrents étrangers qui sont là ont déjà vu courir Émile, ils le reconnaissent, témoignent, on lui permet enfin de courir.

Bon, ça va, bougonne le starter, ça va mais alors vous vous mettez là, derrière, au deuxième rang, dans ce couloir. Émile, cette fois, commence à en avoir marre et se permet de protester. Comme il s'efforce de prouver qu'il a droit à une place à la corde, les autres coureurs, solidaires, le soutiennent. Eux connaissent le parcours d'Émile, ils savent qu'il est très bon, qu'il fait partie de ceux qu'on place au bord. D'accord, grogne le starter avant de lever son pistolet. Allez, on y va.

Comme Émile énervé par cet accueil choisit d'adopter dès le départ une très forte vitesse, il lui faut peu de temps pour se débarrasser de ses adversaires les plus puissants. Son allure est même telle qu'il a bientôt devancé d'un tour entier les derniers coureurs. Quatre-vingt mille spectateurs se lèvent alors en criant, d'un seul mouvement, car Émile leur donne un spectacle qu'ils n'avaient jamais vu : ayant déjà pris ce tour à tous ses adversaires, il entreprend maintenant de les dépasser à nouveau l'un après l'autre et, à mesure qu'eux accusent le coup et ralentissent, lui accélère encore de plus en plus. Bouche bée ou hurlante, éberlué par la performance autant que par cette manière de courir impossible, le public du stade n'en peut plus. Debout comme les autres, Larry Snider lui-même est effaré par ce style impur. Ce n'est pas normal, juge-t-il, ce n'est absolument pas normal. Ce type fait tout ce qu'il ne faut pas faire et il gagne.

Plus que deux tours, vocifère l'annonceur émerveillé sur le passage d'Émile et, pour mieux le lui faire comprendre, il tend deux doigts vers lui au risque de lui crever les yeux. Dans les tribunes on jubile, on trépigne, on frémit, on s'exalte, toutes les unités militaires scandent son nom en chœur. Dernier tour, s'époumone l'annonceur hors de lui, nettement plus essoufflé qu'Émile lui-même, et le starter éperdu tire de joie un coup de pistolet en l'air cependant qu'Émile développe son train de plus en plus, accroît sans cesse la cadence de sa course bien que tous ses concurrents soient à présent tellement loin derrière lui.

Quand il s'élance enfin sur la dernière ligne droite, le public est au bord de s'évanouir, puis quand il franchit le ruban les tribunes se mettent à mugir, les applaudissements semblent ne jamais devoir s'achever. Personne, car tout le monde s'en fout, ne songe à noter qu'il vient accessoirement de pulvériser le record tchécoslovaque.

Et lui, Émile, pas fatigué pour un sou, se fendant d'un bon sourire, continue de trotter gentiment après l'arrivée, comme pour se remettre en forme après ce petit effort. Mais on ne le laisse pas faire longtemps, on se jette sur lui en l'accablant de questions, les uns l'habillent pour qu'il ait chaud, les autres le déshabillent pour mieux le voir, tous le photographient sur toutes ses faces, tous à la fois veulent lui dire qu'il vient de faire une chose invraisemblable. Son nom est alors peu connu hors des frontières de son pays, et les gens ont l'air de croire qu'il ne le connaît pas lui-même car on le lui répète sur tous les tons, comme pour l'en informer. Émile, on a compris comme il est simple et modeste, reste confus devant cette admiration qu'on lui témoigne de toutes parts. Il ne cesse d'assurer que non, que c'est très gentil à vous mais que vraiment non, qu'il n'est pas un coureur miraculeux, qu'il n'a été que cinquième aux championnats d'Europe.

Mais le plus heureux de l'affaire, celui qui ressent la plus grande allégresse, c'est le porteur de pancarte humilié. Le cœur de Joe, en cet instant, est dilaté d'orgueil. Dans un moment, Émile va devoir prendre part au défilé final, sa médaille épinglée sur son haut de survêtement. Avant de le rejoindre, il aperçoit de loin son soldat américain, sa pancarte à la main, qui l'attend avec impatience et qui, fou de fierté, se jette sur lui dès qu'il peut. Juste un, crie-t-il en l'étreignant et riant au bord des larmes, juste un, juste un. Il le touche, le serre, le tripote, le pétrit, il est tellement content qu'il pourrait le battre. En marchant tout à l'heure devant Émile, dans le défilé, Joe va rayonner de triomphe et de félicité, se sachant à présent envié, jalousé par tous les autres porteurs de pancartes du monde. Juste un, nom de Dieu.

8

Style, en effet, impossible. Larry Snider n'est
pas le premier à l'observer. À se demander comment se débrouille Émile.

Il y a des coureurs qui ont l'air de voler, d'autres
qui ont l'air de danser, d'autres paraissent défiler,
certains semblent avancer comme assis sur leurs
jambes. Il y en a qui ont juste l'air d'aller le plus
vite possible où on vient de les appeler. Émile,
rien de tout cela.

Émile, on dirait qu'il creuse ou qu'il se creuse,
comme en transe ou comme un terrassier. Loin des
canons académiques et de tout souci d'élégance,
Émile progresse de façon lourde, heurtée, torturée,
tout en à-coups. Il ne cache pas la violence de son
effort qui se lit sur son visage crispé, tétanisé, grimaçant, continûment tordu par un rictus pénible

à voir. Ses traits sont altérés, comme déchirés par une souffrance affreuse, langue tirée par intermittence, comme avec un scorpion logé dans chaque chaussure. Il a l'air absent quand il court, terriblement ailleurs, si concentré que même pas là sauf qu'il est là plus que personne et, ramassée entre ses épaules, sur son cou toujours penché du même côté, sa tête dodeline sans cesse, brinquebale et ballotte de droite à gauche.

Poings fermés, roulant chaotiquement le torse, Émile fait aussi n'importe quoi de ses bras. Or tout le monde vous dira qu'on court avec les bras. Pour mieux propulser son corps, on doit utiliser ses membres supérieurs pour alléger les jambes de son propre poids : dans les épreuves de distance, le minimum de mouvements de la tête et des bras produit un meilleur rendement. Pourtant Émile fait tout le contraire, il paraît courir sans se soucier de ses bras dont l'impulsion convulsive part de trop haut et qui décrivent de curieux déplacements, parfois levés ou rejetés en arrière, ballants ou abandonnés dans une absurde gesticulation, et ses épaules aussi gigotent, ses coudes eux aussi levés exagérément haut comme s'il portait une charge trop lourde. Il donne en course l'apparence d'un boxeur en train de lutter contre son ombre et tout son corps semble être ainsi une mécanique détraquée, disloquée, douloureuse, sauf l'harmonie de ses jambes qui mordent et mâchent la piste avec voracité. Bref il ne fait rien comme les autres, qui pensent parfois qu'il fait n'importe quoi.

Mais ce n'est pas tout de courir à sa manière, c'est aussi qu'il faut s'entraîner. Or c'est ainsi qu'il s'entraîne également.

Sur cette question de l'entraînement, les théories foisonnent de par le monde. Le système suédois, dit à intervalles, consiste en séries de sprints alternés avec des pauses plus ou moins longues. Le système Gerschler préconise l'entraînement fractionné, chronométré sur piste et à train relativement lent. Le système Olander prescrit une période de footing avec changements d'allure mais, lui, sur parcours souple dans un environnement naturel. Émile a minutieusement étudié chacune de ces méthodes, il les a toutes faites siennes l'une après l'autre pour les condenser en une seule, la méthode Émile, qui ne laisse aussi qu'une moindre part à la pure culture physique.

Toutes ces techniques suggèrent par exemple des pauses entre les sprints, parcours intermédiaires en souplesse que la plupart effectuent en marchant. Émile, non, qui préfère trotter entre deux efforts, convaincu que l'organisme prend ainsi l'habitude de se reposer en pleine course et, même dans un état de grande fatigue, de maintenir le rythme requis.

Toutes ont aussi pour principe de maintenir l'intensité de l'effort à un niveau plus doux que celui de la compétition : il convient de ménager, quand on se prépare, les forces dont on aura besoin pendant l'épreuve. Émile pense l'inverse et qu'il faut s'entraîner le plus durement possible, multiplier les exercices pénibles pour que la course paraisse ensuite plus facile.

Toutes lui semblent enfin n'affermir pas assez la volonté en acceptant que le coureur modère son train quand il se voit faiblir. Émile n'est pas du tout d'accord. S'il se sent fatigué, s'il constate le moindre risque de ralentissement, aussitôt il s'efforce au contraire d'accélérer. Sa chance, à cet égard, c'est qu'il aime avoir mal. Il sait qu'il peut compter sur son amour de la douleur et sur lui-même : jamais il ne se laisse masser par qui que ce soit.

Cette façon de s'entraîner lui permet d'épuiser ses adversaires par un grand nombre de sprints intercalés, tout en gardant des forces pour le final qui est toujours d'une violence extrême. Son allure en course se modifie constamment, tout en tempos rompus, subtils changements de vitesse dont se plaignent amèrement ceux qui lui courent après.

Car non seulement il leur est presque impossible de suivre sans se dérégler la petite foulée courte, heurtée, inégale et saccadée qu'Émile tricote, non seulement ces variations de rythme incessantes leur compliquent affreusement la vie, non seulement cette allure bizarre et fatiguée, montée sur des gestes roidis d'automate, les décourage car elle les trompe, mais son perpétuel dodelinement de la tête et le moulin permanent de ses bras, par surcroît, leur donnent aussi le vertige.

Jamais, jamais rien comme les autres, même si c'est un type comme tout le monde. Certes on prétend que les échanges gazeux de ses poumons sont anormalement riches en oxygène. Certes on assure que son cœur est hypertrophié, d'un diamètre au-dessus de la moyenne et battant à une cadence moindre. Mais, spécialement réunie à Prague à cet effet, une commission technique médicale dément toutes ces rumeurs, affirme que pas du tout, qu'Émile est un homme normal, que c'est juste un bon communiste et que c'est ça qui change tout.

Bref rien n'est sûr sauf qu'il a sans doute su discipliner ce cœur et ces poumons, les rendre aptes aux efforts de vitesse les plus rapprochés et à récupérer tout aussi vite. Ainsi peut-il achever une longue épreuve par un sprint effréné pour, à peine essoufflé, repartir en courant quelques secondes plus tard chercher son survêtement à l'autre bout du stade – et le lendemain, si besoin est, recommencer.

Un jour on calculera que, rien qu'en s'entraînant, Émile aura couru trois fois le tour de la Terre. Faire marcher la machine, l'améliorer sans cesse et lui extorquer des résultats, il n'y a que ça qui compte et sans doute est-ce pour ça que, franchement, il n'est pas beau à voir. C'est qu'il se fout de tout le reste. Cette machine est un moteur exceptionnel sur lequel on aurait négligé de monter une carrosserie. Son style n'a pas atteint ni n'atteindra peut-être jamais la perfection, mais Émile sait qu'il n'a pas le temps de s'en occuper : ce seraient trop d'heures perdues au détriment de son endurance et de l'accroissement de ses forces. Donc même si ce n'est pas très joli, il se contente de courir comme ça lui convient le mieux, comme ça le fatigue le moins, c'est tout.

9

Style ou pas, ça y est, Émile est une vedette mondiale. Somme toute il aura suffi de peu : Oslo, Berlin, un cross interallié à Hanovre et les records successifs qu'il aligne dans son pays. En un an, son nom a cessé de s'inscrire en petits caractères et bas de colonne dans les brèves d'athlétisme des journaux spécialisés pour laisser place à ses photographies en une de la presse sportive internationale, et bientôt plus seulement sportive.

Il est devenu ce qu'on appelle un grand champion. Il est inévitable. On n'annonce plus sa participation à une épreuve, on indique simplement, bien avant qu'elle ait lieu, qu'il va la remporter. Ses chances de victoire sont à ce point absolues qu'il est décourageant, au point d'être parfois jugé indésirable par les fédérations. Pressenti pour telle ou telle course à l'étranger, il arrive que sa venue soit annulée en raison de sa supériorité présumée, ce que ces fédérations ne cachent pas. On préférerait qu'il ne soit pas là, avouent humblement certaines, juste pour ne pas démoraliser nos coureurs. Ou, prétendent plus hypocritement d'autres, sa présence n'apporterait rien à nos crossmen du point de vue technique.

Même les médecins s'en mêlent, qui l'ont condamné depuis longtemps sous le prétexte qu'il court en dépit du bon sens. Ils hochent la tête en pronostiquant que, depuis deux ans, ils s'attendent à le voir expirer à chaque instant. Selon eux un tel phénomène, qui s'assassine en vérité, ne saurait être que de courte durée. Les docteurs disent ce qu'ils veulent, commente Émile paisiblement, mais moi je ne les aime pas. Ils sont faits pour soigner les malades, pas des garçons dans mon genre. Mon propre médecin, c'est moi.

Les journaux s'emparent avec joie de ce débat, trouvant le sujet en or : Émile défie-t-il le corps médical ? Émile tiendra-t-il ? Émile ne court-il pas trop ? Il commence à créer en tout cas un fanatisme autour de sa personne, reçoit des centaines de lettres par sacs postaux entiers, demandes d'autographes ou de conseils, photos à dédicacer, propositions de mariage et il a gagné un surnom. La Locomotive. Tout va bien.

Tout ne va pas mal, du coup, pour le régime tchécoslovaque, passé après la guerre puis le coup de Prague dans le bloc socialiste, et qui se met à voir en Émile un splendide ustensile de propagande. Il en est le meilleur diplomate, le plus efficace ambassadeur, il est devenu un athlète d'État. De ceux qui, comme les travailleurs d'élite, ont droit à un statut spécial, des décorations et des avantages. Dans le civil, ceux-ci peuvent se voir attribuer une villa, des médailles, un poste honorifique dans le textile, par exemple, ou dans la métallurgie. Pour Émile qui est militaire, cela va se passer en promotion de grade en grade, cependant que son activité reste centrée sur le sport. Donc on va bien s'occuper de lui. On le garde évidemment dans l'armée, d'autant que ça lui plaît, mais en lui offrant des conditions idéales de préparation et, du même pas, de simple sergent qu'il était, le voici rapidement nommé lieutenant dans les chars d'assaut.

Dans sa garnison de Milovice, le nouveau lieutenant est chargé de diriger l'entraînement des recrues, tâche dont la presse assure qu'elle n'est pas une sinécure, précisant pour enluminer sa légende que, tous les soirs, le courrier militaire est transporté à pied par le plus grand coureur du monde. Sans préjudice, bien entendu, de son entraînement ordinaire en terrain varié, parfois en tenue de campagne car Émile aime bien ça, galoper dans la neige en gardant les grosses bottes bien lourdes de son équipement. Courez donc vingt kilomètres avec elles, se plaît-il à prescrire, et ensuite, sur la piste, quand vous mettrez des chaussures légères, vous n'imaginez pas comme ça change tout. C'est dans la même perspective que, lorsqu'il s'entraîne en salle, il prend soin de fixer des poids à ses chevilles pour enchaîner les flexions.

Ça continue comme ça, Émile est partout, des rencontres internationales – La Haye, Alger, Stockholm, Paris, Helsinki où il bat enfin le coureur des forêts profondes – aux simples meetings d'athlétisme de province comme par exemple celui de Zlin, un mois de juin, où il aperçoit une fille qui lui plaît.

Je dois dire qu'elle est tout à fait bien, très jolie, grande et mince, cheveux châtains courts, regard gris clair, beau sourire énergique et doux, et en plus elle lance le javelot. Émile se renseigne un peu et apprend deux choses, d'abord qu'elle se prénomme Dana, ensuite qu'elle est la fille de son colonel. Comme cette fille de colonel et son javelot viennent d'améliorer leur record personnel sur la piste de Zlin, Émile avisé voit là l'occasion idéale. Il fonce acheter un bouquet de fleurs et s'en va la congratuler. On cause et, quelques jours plus tard, quand il doit battre encore un de ses propres records, c'est au tour de Dana de venir lui faire son compliment.

On cause encore et, en causant, on s'aperçoit qu'on est nés le même 19 septembre, qu'on a précisément le même âge, à ceci près qu'elle a six heures de plus que lui. Comme on s'émerveille de ce phénomène, et comme Émile n'a pas envie d'en rester là : Écoute, lui dit-il au bout d'un moment, on ne va pas s'en sortir si on vient se féliciter chaque fois qu'on bat un record. On n'en finira pas. Parce que des records, tu vois, j'ai comme le sentiment qu'on va en battre plein. Le meilleur moyen de se féliciter sans faire chaque fois le déplacement, ce serait peut-être de vivre ensemble, non ? Tu en penses quoi ?

En attendant de savoir ce qu'elle en pense, Émile s'envole un mois plus tard pour les Jeux olympiques qu'il revient à Londres, cette année-là, d'organiser. Une canicule s'est abattue sur la ville et, le jour où Émile doit concourir aux dix mille mètres, l'atmosphère est très lourde, accablante, temps d'orage qui n'arrive pas à se décider. Une brume très dense dilate le ciel et forme, entre Soleil et Terre, une loupe géante produisant quarante degrés à l'ombre.

Émile est donné favori, bien sûr, mais il y a encore Heino qui est là, qui ne dit toujours rien mais n'en pense pas moins. L'homme des forêts profondes a soif de vengeance et pas envie de laisser à Émile le dernier mot. Avec le docteur Knienicky, qu'il veut bien laisser pour une fois tenir lieu de conseiller, Émile élabore donc une tactique de la course. Elle est en vérité assez élémentaire. Quand le docteur assis dans les tribunes jugera le temps venu d'accélérer, il agitera juste un maillot rouge – le maillot de rechange d'Émile qui ne court qu'en rouge, représentant son pays dans les stades sous la couleur de la révolution prolétarienne exclusivement, sans que l'on sache s'il l'a choisie lui-même ou pas.

Émile démarre comme d'habitude avec sa force mécanique, sa régularité de robot, mais cette fois de façon plus tranquille qu'à Berlin cependant qu'Heino est parti sauvagement, prenant très vite quatre-vingts mètres d'avance. Émile semble s'en désintéresser, qui sait très bien ce qu'il veut faire et qui attend le signal. Il reste en douzième, en quinzième position pendant tout le temps d'observation qu'il se donne, conduisant son effort avec placidité. Ce n'est qu'à mi-parcours, quand il aperçoit le maillot rouge discrètement agité par le docteur qui vient de se lever dans les tribunes, qu'il entre dans la ronde et commence implacablement d'accélérer.

Alors il accomplit des ravages, menant un train brutal qui contraste avec l'allure légère de son rival Heino. Après qu'on pourrait croire qu'il a usé une partie de ses forces, c'est un Émile tout neuf qu'on voit renaître en milieu de course, un type intact et frais, rageur, volontaire à faire peur. Panique dans les forêts profondes : craignant sa proche détresse, Heino tente alors d'enrayer la machine en reprenant arrogamment la direction des opérations. Mais Émile qui a horreur de voir le dos de ses adversaires ne tolère pas la chose plus de cinq cents mètres. Pour effacer l'injure, pour laver cet affront, se faisant à force de grimaces un visage d'épouvante, il se jette à l'ouvrage avec furie – cependant que le docteur Knienicky en nage, à présent debout sur son siège, ne cesse d'agiter avec frénésie, même si cela ne sert plus à rien, le maillot rouge avec lequel il s'éponge alternativement et distraitement le visage et le cou. Sprint final et, en quelques dizaines de mètres Émile a tout pulvérisé, tout anéanti, c'est la première médaille d'or de l'athlétisme tchèque.

À l'arrivée, tout le monde imagine qu'après un tel effort, ayant fait preuve de ressources à ce point surnaturelles, le diabolique Émile ne peut que s'écrouler. Or pas du tout. Il se met au contraire à gambader à travers le stade, part en petites foulées chercher un petit verre d'eau, revient en trottant vers la tribune des vainqueurs, donne une bourrade cordiale quoique respectueuse à Heino éprouvé puis, pirouettant, se dresse en impeccable équilibre sur les mains – se mettant même à courir quelques mètres sur elles pour changer un peu.

Franchissant les barrières en vociférant, le contenu des tribunes se déverse sur lui, Émile est noyé dans une foule frénétique au milieu de laquelle entre deux têtes joviales il aperçoit le docteur Knienicky, pleurant de bonheur et plus hilare que tous. Puis après que l'on s'est un peu calmé, ils se retrouvent dans un pub devant deux pintes de bière sur laquelle Émile ne crache pas, le docteur Knienicky non plus.

Eh bien dis donc, lui dit le docteur, tu avais l'air d'avoir un de ces torticolis, tu grimaçais encore plus aujourd'hui qu'à Berlin. Je sais bien, reconnaît Émile, c'est ce qu'on me reproche tout le temps. À l'entraînement, en compétition, ils disent tous ça. Mais je ne peux pas faire autrement, ce n'est pas un genre que je me donne. Je te jure que ça fait vraiment mal, ce que je fais, si tu crois que je n'aimerais pas mieux sourire. Tu pourrais quand même essayer, suggère distraitement le docteur en levant la main pour renouveler sa pinte. Je n'ai pas assez de talent pour courir et sourire en même temps, reconnaît Émile en levant aussi la sienne. Je courrai dans un style parfait quand on jugera de la beauté d'une course sur un barème, comme en patinage artistique. Mais moi, pour le moment, il faut juste que j'aille le plus vite possible.

10

Retour de Londres avec l'or des dix mille, donc, qu'Émile complète avec une petite médaille d'argent aux cinq mille, et c'est emballé pour cette fois. Mais il n'y a pas que les Jeux olympiques dans la vie, ce n'est pas tous les jours aussi drôle. Un an plus tard il doit courir dans sa région natale, sur le stade d'Ostrava, contre seize autres concurrents militaires.

Or la veille il se trouvait à Gottwaldov et n'a pu attraper que l'express de 23 heures. Le train était bondé, le voyage a duré cinq heures pendant lesquelles Émile a dû rester debout dans le couloir du wagon, sans rien à manger que des biscuits arrosés d'un peu de bière offerts par un permissionnaire. Il est encore mort de fatigue en arrivant à Ostrava et s'endort dans le tramway, heureusement qu'un autre soldat qui l'a reconnu le réveille à l'arrêt du stade.

Quand retentit le coup de pistolet de ces nouveaux dix mille mètres, Émile ne désire pas se donner en spectacle, et que le public soit assez clairsemé ce jour-là dans les gradins n'y est pour rien, c'est juste qu'il n'a pas la tête à ça. Il ne s'est pas spécialement entraîné la veille, il est vraiment crevé, vivement qu'on en finisse. Cependant la piste est en très bon état, elle vient d'être refaite avec ses grands virages qui ont toujours favorisé les performances. Mais ce n'est que machinalement qu'Émile, prenant presque aussitôt la tête du groupe, se trouve assez vite détaché de ses concurrents, de plus en plus loin devant eux.

Il court, il court sans se poser de questions puis le haut-parleur annonce que, dans les premiers tours, ses temps intermédiaires sont supérieurs à ceux de Heino. Or celui-ci, bien que battu à Londres, conserve toujours son record mondial. L'évocation des forêts profondes fait plaisir à Émile qui, ressentant toujours la fatigue du voyage, ne croit quand même pas pouvoir tenir le rythme. Mais, après le septième kilomètre, il change d'avis et, se sentant encore disposer de quelques réserves, il décide de tenter sa chance. Il la tente et voilà, ça y est, il bat le record du monde.

Champion du monde : la réaction est immédiate et on le nomme capitaine mais les ennuis commencent. On se concerte en haut lieu où l'on tient Émile, c'est certain, pour un phénomène du socialisme réel. Donc il vaut mieux qu'on se le garde, qu'on se l'économise et qu'on ne l'envoie pas trop à l'étranger. Plus il est rare et mieux ce sera. Puis il serait vraiment dommage que sur un coup de tête, à l'occasion d'un de ces voyages il passe comme certains de l'autre côté, l'immonde côté des forces impérialistes et du grand capital. Par conséquent, alors qu'Émile vient d'être invité pour un cinq mille mètres international à Los Angeles, on le convoque.

Camarade, lui dit-on, le comité militaire a décidé qu'à l'avenir, tu ne pourras participer à aucune compétition sportive sans autorisation préalable. D'accord, dit Émile, mais ça ne change pas grand-chose. Jusqu'ici je les ai eues, les autorisations. Eh bien justement, camarade, lui répond-on, les autorisations, tu ne les as plus. Tu peux disposer. Et le comité se fend d'un communiqué annonçant cette mesure, arguant que des invitations trop nombreuses à des réunions peu importantes éloignent Émile de ses devoirs militaires et l'empêchent de poursuivre son perfectionnement sportif.

Émile encaisse, mais ça ne lui plaît pas trop. Il ne dit rien mais le fait est que, les temps qui suivent, il se met à perdre assez régulièrement. Il devient négligent, finit troisième ou quatrième dans des courses qu'il aurait dû facilement gagner. Ça ne va pas bien fort, dirait-on, parfois il ne prend même pas le départ. Dans la presse étrangère, on fait d'abord semblant de ne pas comprendre. On dit Émile malade. On parle de blessure au pied, de tétanos, d'empoisonnement du sang, on spécule sur le triomphe des médecins qui l'avaient condamné. Ou bien on croit comprendre mais c'est avec diplomatie qu'on l'exprime : nous ne voulons pas attacher de crédit, écrit-on prudemment, aux bruits selon lesquels Émile est tombé subitement malade en apprenant que son déplacement prévu en Californie n'était plus autorisé par les autorités de son pays.

Mais tout ne va quand même pas si mal sur tous les fronts. Un samedi, plus souriante à son sujet, la presse sportive annonce : nouvelle épreuve, demain, pour Émile. Mais il ne s'agit que de son mariage avec Dana prévu pour le jour suivant. Et par un beau dimanche d'automne, dans son bel uniforme tout neuf de capitaine, il épouse en effet la fille du colonel, future championne olympique du javelot. C'est donc sous une double haie de ces armes que le cortège nuptial, provoquant d'énormes rassemblements, embouteille longuement les rues de Prague. Prague où, à part ça, tout le monde crève de peur.

11

Prague où, ces années-là, tout le monde a peur, tout le temps, de tout le monde et de tout, partout. Dans l'intérêt supérieur du Parti, la grande affaire est maintenant d'épurer, démanteler, écraser, liquider les éléments hostiles. La presse et la radio ne parlent que de ça, la police et la Sécurité d'État s'en chargent. Chacun peut à chaque instant se voir inculpé comme traître, espion, comploteur, saboteur, terroriste ou provocateur, relevant au choix d'une obédience trotskyste, titiste, sioniste ou social-démocrate, tenu pour koulak ou nationaliste bourgeois.

N'importe quand, n'importe qui peut se retrouver dans une prison ou dans un camp, pour des raisons qu'en général il ignore. Il s'y retrouve la plupart du temps moins pour ce qu'il pense que parce qu'il gêne quelqu'un ayant le pouvoir de l'y envoyer. Chaque jour, des quatre coins du pays, des centaines de lettres arrivent à la Sécurité d'État qui attirent, avec beaucoup d'obligeance et d'imagination, l'attention de celle-ci sur tel camarade, collègue, voisin, parent, dénoncé dans le cadre de la conspiration contre le régime.

Voilà, nous en sommes au point que nous avons connu, sous une forme un peu différente, il n'y a même pas dix ans. Personne n'osant plus se parler ni s'écouter, on se fuit méthodiquement les uns les autres, on ne se connaît plus même au sein des familles. La presse est ligotée comme jamais, comme jadis, l'écoute des radios étrangères exposant à de sévères représailles. La terreur s'étant ainsi confortablement installée dans les consciences, le choix est simple : se taire et se résigner ou se joindre aux démonstrations d'approbation fanatique du régime et au culte du président Gottwald – une bonne planche de salut consistant aussi à adhérer au Parti qui, en quelques mois, a grossi de plus d'un million de nouveaux membres dont, il faut bien le dire, Émile.

Qu'on n'aille pas croire qu'Émile est un opportuniste. Qu'il croie sincèrement aux vertus du socialisme est une chose indiscutable, mais une autre non moins discutable est qu'il est difficile,

70

là où il en est, de faire autrement. Il sait qu'il a sa place dans le collimateur et que déjà, dans les sphères penseuses du pouvoir, on se plaît à se demander en toute logique si la situation de grand sportif populaire ne relèverait pas de l'individualisme bourgeois, l'adoration malsaine pour un athlète faussant gravement l'idéal stakhanoviste.

Émile, bien que par précaution l'on préfère toujours le cacher, le prétendre en petite forme, fatigué voire malade, Émile n'en démord cependant pas. Comme Heino, ressorti en grondant de ses forêts profondes, s'empare à nouveau du record mondial des dix mille mètres, Émile le lui reprend cinquante-deux jours plus tard, laissant ses adversaires si loin derrière que le second termine avec quatre tours de retard. Sur cinq mille et dix mille, décidément Émile demeure l'homme le plus rapide du monde.

Quelques mois plus tard, en Finlande, il pulvérise encore à ce point son propre record des dix kilomètres que le public, à la première annonce du résultat, refuse d'y croire et reste muet. Lorsque ce temps est confirmé, se déclenche un ouragan d'enthousiasme qui se prolonge sans mollir pendant vingt-cinq minutes. Le silence revenu, Émile fait son petit tour d'honneur à la vitesse d'un bon quatre cents mètres, comme si rien ne s'était passé. Et comme toujours quand on le félicite, il assure n'y être pas pour grand-chose, attribuant son exploit à la qualité de la piste et à la température idéale des pays nordiques. Et puis de toute façon, assure-t-il, les exploits individuels n'ont guère d'importance. Ce qui compte, c'est attirer les masses laborieuses sur les stades. Voilà ce qui importe. Bien sûr, Émile, bien sûr, cette forte pensée t'honore.

Bref il continue de gagner presque toujours, sous la pluie, sous la neige, sous un vent glacial, il les laisse tous derrière lui, partout. Presque partout. Car, dans les réunions d'Europe orientale regroupant l'URSS et les pays satellites, dans les grands rallyes communistes à Berlin-Est, Budapest, Bucarest, Varsovie, ou bien quand il part s'entraîner en Crimée, là, évidemment, pas de problème pour le laisser quitter Prague. Par contre lorsqu'il est invité ailleurs dans le monde réputé libre, entendez asservi au grand capital, ce qui arrive très souvent puisqu'on le demande partout, pas question. D'ailleurs ce n'est même pas lui qui répond qu'il refuse, c'est sa fédération. D'ailleurs celle-ci, guerre froide aidant, ne daigne répondre que rarement.

Même au cross de *L'Humanité* à Paris, qui présente de solides garanties sur le plan idéologique

et fait venir les meilleurs athlètes du bloc socialiste, même là on ne le laisse pas aller. C'est aussi
qu'on se méfie, et on a des raisons. Prenons par
exemple un nommé Bacigal, jeune étudiant tchécoslovaque, excellent coureur de demi-fond qu'on
avait laissé partir courir ce cross de *L'Huma*. Eh
bien voici que l'idée lui a pris de ne pas rentrer
à Prague, de rester à Paris et demander je ne sais
quel asile plus ou moins politique. Très fâcheux
précédent. Très vif mécontentement de la fédération puis des sphères supérieures. Mais bon, sans
doute a-t-on dû réagir en douceur, prendre des
mesures et engager des techniciens car ce jeune
Bacigal, le temps d'obtenir un permis de séjour et
d'adhérer au Racing Club de France, très vite on
n'entendra plus jamais parler de lui.

Il ne faudrait surtout pas que de tels désagré-
ments se produisent avec Émile, aussi le soigne-
t-on de près, l'extrayant parfois de sa retraite pour
l'exhiber, le mettre en scène jusqu'à lui organiser
des numéros personnels, sans concurrents. À
l'occasion de la Journée de l'armée tchécoslovaque, devant cinquante mille personnes au stade
militaire de Strakov, on le fait ainsi courir tout
seul pendant la mi-temps de la finale du tournoi
de football. Puis aussitôt après il disparaît.

On le cache donc, il se tait, puis on n'entend

plus du tout parler de lui. Il reste silencieux et discret ces temps-ci, ne semble plus courir au point qu'à l'étranger on se perd en conjectures. Que fait-il donc, que devient-il. Sera-t-il un jour enfin autorisé à se déplacer à l'étranger en dehors des compétitions officielles. Prépare-t-il en secret des records. S'efface-t-il pour des raisons qui nous sont inconnues. Est-il encore malade, est-il fini. Mystère. C'est toujours excellent, le mystère.

Tout cela dure un moment puis, coup sur coup, comme surgi de nulle part, Émile bat deux nouveaux records du monde : celui des vingt kilomètres et celui de l'heure. Il devient le premier homme dans l'histoire universelle à courir plus de vingt kilomètres en une heure. Et pendant cet exploit qu'on déclare aussitôt légendaire, son kilomètre couru le plus vite est le dernier des vingt, luxe attestant qu'il avait encore des réserves, qu'il pourra mieux faire encore. Cette prodigieuse performance n'est pas près d'être égalée, s'extasie-t-on. Émile déborde ainsi le cadre humain, recule les normes des possibilités physiques, devient inaccessible à tous, nul n'est allé si loin. Ces deux records étant auparavant détenus par l'éternel Heino, imaginons l'ambiance dans les forêts profondes. Déjà l'on parlait de déclin, mais maintenant on comprend : Émile se préparait à des distances qu'il n'avait jamais abordées jusqu'alors.

Cependant, sur le théâtre des procès politiques, on n'est jamais allé si loin non plus. Grand spectacle produit par la Sécurité d'État, avec le concours artistique des conseillers soviétiques pour la dramaturgie, comparution impeccable des prévenus, décors et costumes très soignés, public de première, rôles admirablement appris sur le bout des doigts par tout le monde – juges, procureurs, avocats, accusés –, livret de mise en scène minutieux. Progression dramatique parfaite jusqu'au coup de cymbale du verdict, pendaisons comme s'il en pleuvait, applaudissements nourris, nombreux rappels, longue vie au président Gottwald.

C'est alors qu'un journaliste étranger, envoyé spécial d'un quotidien sportif, se met en tête de venir interviewer Émile. Bien sûr, aucun problème. Mais pour pouvoir le rencontrer, il faut d'abord l'autorisation de son commandant, puis l'accord du syndicat de la presse puis celui du ministère de l'information. Ce qui représente une forte quantité d'entretiens préalables, de questionnaires, de formulaires à remplir en plusieurs exemplaires, de signatures et de tampons. L'envoyé spécial à bout de souffle arrive enfin chez Émile, au 8 de la rue Pujcovny, dans un immeuble récent à côté de la grande poste. Il sonne et c'est Dana qui lui ouvre, souriante, simplement vêtue d'une jupe bleue et d'un sweater marron.

Émile n'est malheureusement pas là, se désole-t-elle, il aurait été si content de vous voir. Mais c'est qu'il doit s'entraîner dur tous les après-midi et en ce moment il est très pris. Il lui faut préparer son déplacement à Kiev où il doit affronter un nouvel espoir soviétique nommé Nicéphore Popov. Mais ça ne fait rien, repassez ce soir et vous le verrez. En attendant, dit-elle, entrez, je vais vous faire voir la maison puis nous prendrons le thé. Bien volontiers, dit l'envoyé spécial ravi.

Ce sont deux vastes pièces joliment décorées : la guitare de Dana est suspendue au mur parmi les tableaux, les fanions, les rayonnages pleins de livres et de bibelots, les tapis, un portrait photographique encadré de Joseph Staline, un autre de Klement Gottwald, une lampe en forme de mappemonde et un gros poste de radio. Prolongées par une belle cuisine, ces deux pièces sont distribuées par un grand vestibule où l'on peut admirer les appareils qu'Émile utilise chaque jour pour sa gymnastique d'assouplissement, dont une échelle verticale installée au milieu d'innombrables médailles et trophées. Et les javelots, montre Dana. Mes javelots.

La maison n'est pas mal mais Dana n'est pas seule. Elle y héberge en effet une de ses proches amies, joviale enseignante d'école ménagère qui est une personne extrêmement attentive, attentionnée, prévenante et qui ne la quitte jamais même pour préparer le thé. On s'affaire donc autour du thé pendant que Dana raconte sa vie de tous les jours. Ma foi c'est simple, ils ont une vie très simple. Elle est employée comme archiviste au magazine sportif *Ruch*, ce qui remplit ses journées pendant qu'Émile assure au ministère ses fonctions d'officier. Puis, le temps qu'il leur reste, elle travaille son javelot pendant que lui va couvrir ses kilomètres d'entraînement quotidien. Formidable, dit l'envoyé spécial enchanté, mais vous avez quand même un peu de loisirs, je suppose.

Certainement, lui répond Dana. D'abord il faut vous dire qu'Émile tient à répondre lui-même à son courrier, il reçoit beaucoup de lettres, ça lui prend beaucoup de temps. Ensuite, eh bien il y a la lecture, dit-elle en désignant les rayonnages. Oui, Émile lit beaucoup. Puis ils sortent quelquefois le soir, les spectacles et tout ça. Et quand ils restent à la maison, ils écoutent de la musique ou ils en font : Émile possède une fort jolie voix de baryton et chante avec plaisir de vieux airs du folklore national en fin d'après-midi – cependant que Dana l'accompagne à la guitare, dit-elle avec un geste vers son instrument. Charmant, dit l'envoyé spécial enthousiaste, oublieux de ce qu'il avait cru lire un jour quant aux capacités vocales d'Émile. Puis, le soir venu, tout en buvant un petit verre de vin de Moravie, Émile tient à faire lui-même la cuisine, que voulez-vous, il adore ça. Comme on le comprend, s'exalte l'envoyé spécial qui chasse de son esprit l'instauration récente des tickets de rationnement de pain, de farine et de pommes de terre. Et dites-moi, est-ce qu'il est en bonne forme actuellement ?

Ah, dit Dana, il vous en dira plus ce soir mais le fait est que pour l'heure il en est assez loin. C'est qu'il a été malade, n'est-ce pas, une sale angine après laquelle il a dû cesser tout entraînement. Mais enfin il s'y remet petit à petit, c'est lui qui décide, vous savez qu'il est son propre entraîneur. Bien sûr, enchaîne l'envoyé spécial, et qu'envisage-t-il de faire aux prochains Jeux olympiques. Eh bien pour Helsinki, répond Dana, il hésite encore. Soit il courra les cinq mille et dix mille mètres, soit les dix mille et le marathon. Mais tout à fait entre nous, Émile commence en vérité à se lasser de sa gloire, voyez-vous, il pense surtout à sa succession. Vous avez dû entendre parler d'Ivan Ullsberger, de Stanislas Jungwirth. Je connais ces noms, hoche l'envoyé spécial.

Enfin nous verrons, résume-t-elle. Ce qui est certain, c'est qu'après les Jeux olympiques, nous allons arranger un peu la maison. Elle en a bien besoin et, par chance, Émile sait tout faire. Ça aussi, il adore. Il a prévu de tout repeindre, poser du papier peint, réparer la douche et retapisser les fauteuils. Le problème, c'est qu'il aime telle-ment bricoler, feint de se plaindre en souriant Dana, qu'il a tendance à salir la maison, n'est-ce pas, il en met un petit peu partout, il nous a bousillé quelques tapis, mais que voulez-vous. Il aime ça. Ah, s'attendrit l'envoyé spécial. Mais repassez donc tout à l'heure, conclut Dana en se levant, il vous en dira plus.

Quand l'envoyé revient le soir, c'est l'ensei-gnante joviale qui lui ouvre cependant que Dana, derrière elle dans l'ombre, dit qu'elles sont vrai-ment désolées mais voilà, Émile dort déjà. Je vous ai dit, il est très fatigué. Je comprends bien, dit l'envoyé spécial ému, vous le saluerez de ma part. Puis après son départ on attend un moment, Dana se tourne vers l'autre. Alors, dit-elle, c'est allé ? J'ai bien dit ce qu'il fallait ? L'autre ôte ses masques d'enseignante et de colocataire, arrache son déguisement jovial en allant ouvrir une armoire, presser le bouton d'arrêt d'un enregis-treur, en ôter la bande magnétique et la glisser

79

dans une enveloppe puis dans la poche de son manteau, qu'elle enfile sèchement sans répondre. Je vais faire mon rapport, camarade, lui dit-elle seulement. Le cas échéant, tu seras informée. Elle sort, une berline Tatraplan T600 bleu nuit vient aussitôt se garer devant la porte, elle monte à bord et la voiture démarre vers les bâtiments de la Sécurité.

12

Les Jeux d'Helsinki, ça commence mardi mais Émile n'est pas très en forme. À trente ans, il est fatigué, peut-être éprouvé par l'alternance de ses sorties de scène et de ses retours en force. Son torse est creux, ses joues concaves, ses yeux rentrés dans leurs orbites, sa femme ne l'a jamais vu si maigre, on est dimanche et ça ne va pas. Ruisselant de sueur mais jamais essoufflé, il revient de ses vingt kilomètres quotidiens fractionnés en longs sprints, puis il prépare son bagage. Et le lendemain, il s'envole pour la Finlande avec Dana qui l'accompagne au double titre d'athlète et d'épouse d'athlète, encadré par une poignée d'officiels massifs, géants muets à veston rouge et regard buté qui ne le quittent jamais, surtout à l'étranger.

Helsinki, temps frais, ciel bas, nappe de nuage étale, zigzags de vent, averses intermittentes. L'humidité vient de partout, du ciel mais aussi des lacs innombrables et des rivières, de la mer qui s'infiltre par mille détours dans la capitale. Mais l'air est fortifiant et, sous cette latitude, la nuit brève coïncide avec le temps de sommeil : repos parfait. Au lieu de se borner à deux épreuves de fond, Émile surprend tout le monde en décidant finalement de s'inscrire aux trois : cinq mille mètres, dix mille mètres, marathon.

Cette décision n'est pas au goût de tout le monde et surtout des professionnels, même ceux des pays frères. Le comité olympique soviétique exprime son scepticisme, qui revient à une critique donc à une désapprobation, par la voix de son secrétaire général. Personne, déclare-t-il, ne peut réaliser de bonnes performances sur trois courses aussi dures à des intervalles si rapprochés, même pas l'inégalable Paavo Nurmi. Déclaration qui laisse Émile indifférent mais lui donne une idée : toujours à l'affût des curiosités locales, il va rendre visite à Paavo Nurmi.

Nurmi a été avant lui, voici un quart de siècle, le plus grand coureur de tous les temps. Surnommé le Finlandais volant, c'est lui qui a inventé l'entraînement au chronomètre, chronomètre dont il ne se séparait ni pour courir, ni pour manger, ni pour dormir. Il est devenu un homme riche, ayant ouvert à Helsinki une mercerie devenue lieu de pèlerinage pour les athlètes de tous pays qui se pressent pour avoir l'honneur de lui serrer la main. Lui, sans un mot, se borne à les regarder droit dans les yeux en leur vendant hors de prix des chemises finlandaises ou des cravates en soie exorbitantes dont ils n'ont aucun besoin. Sa chemise achetée comme les autres, Émile, rincé, la porte quelques heures – elle est jolie mais elle est un peu trop petite, elle est un petit peu rêche, elle pique un tout petit peu – puis se change pour enfiler son maillot rouge, dossard n° 903, et c'est parti pour dix mille mètres.

Au quart de la distance, il prend la maîtrise des affaires qu'il ne quitte plus. À mi-parcours il accélère vivement puis se met à briser la cadence en procédant par à-coups selon sa façon : démarrage brusque dans la ligne opposée et le virage d'arrivée, ralentissement devant les tribunes comme pour laisser le temps de s'y faire admirer, redémarrage à fond. Les autres pourraient encore presque le suivre s'il avait une allure régulière mais ces assauts répétés, ces cassures incessantes les affolent, les épuisent et démoralisent : leurs cœurs et leurs jambes sont brutalement alertés chaque fois, le sang monte à leurs tempes et c'est très dur pour eux mais il n'en a que faire et il gagne : médaille d'or.

Trois jours plus tard, il remet son maillot pour cinq mille mètres et c'est reparti. Mais comme il en a prévenu Dana et contrairement à ce que l'on croit, Émile ne se sent vraiment pas en forme. Il n'a pas d'espoir de victoire sur cette course qui n'est pas son format préféré, il voudrait juste ne pas arriver quatrième, il n'en demande pas plus. Quatrième, ce serait minable. Non, une petite place de troisième lui conviendrait très bien. Mais c'est plus fort que lui : brutalement quoique méthodiquement, gesticulant et grimaçant plus diaboliquement que jamais, il trouve encore le moyen de briser le rythme de ses adversaires, de les étourdir, les déconcerter, les désorganiser. L'un après l'autre il les asphyxie pour leur faire perdre jusqu'au sens de la course et de leurs capacités. Puis tant qu'il y est, lorsqu'il se retrouve troisième en fin de parcours comme il le souhaitait, ne voyant donc plus devant lui que deux hommes de dos, ce qui l'énerve toujours un peu, il donne encore un petit élan qu'il s'était mis de côté, il les dépasse et il gagne : médaille d'or.

Et quatre jours plus tard, Émile passe à nouveau son maillot rouge pour prendre le départ du marathon. Ses entraîneurs officiels s'y opposent mais lui se fout autant des entraîneurs que des médecins, masseurs, agents, diététiciens ou préparateurs physiques, de toute cette cour dont il n'a pas besoin. Il y va.

Le marathon, chacun sait ce que c'est depuis que le général Miltiade, content d'avoir vaincu l'ennemi sur un champ de fenouil, envoie son messager Philipidès le faire savoir à Athènes le plus vite possible. L'autre, sous un soleil de plomb, court quarante kilomètres pour mourir de fatigue en arrivant. On sait aussi que deux mille ans plus tard on a rallongé officiellement cette distance à quarante-deux kilomètres cent quatre-vingt-quinze, soit l'espace qui sépare le Great Park de Windsor du White City Stadium de Londres. On sait que c'est abominablement crevant, du moins peut-on l'imaginer, on sait qu'Émile à ce jour ne l'a jamais couru.

Donc il y va. Et l'on s'apprête à jouir méchamment du spectacle qu'il réserve d'ordinaire en tordant son visage, torturant sa carcasse, semblant se faire violence à chaque enjambée. Or pas du tout. L'homme aux traits ravagés par une affreuse douleur, c'est l'Émile de la piste. L'Émile du marathon, lui, court dans la plus totale sérénité, sans la moindre souffrance apparente. À mi-parcours, là où les concurrents écœurés font souvent demi-tour, comme un Suédois et un Anglais l'ont escorté jusque-là en tirant une langue blanche, il se tourne en souriant vers eux : Bon, leur dit-il, c'était gentil de m'accompagner mais, là, je vous laisse. Il faut que j'y aille.

Et il les abandonne et continue seul, jouissant de sa décontraction. Foulée régulière, expression sereine, Émile répond par de petits signes aux cris du public massé sur son chemin, échange quelques blagues avec les occupants des voitures suiveuses, cligne de l'œil à ceux qui s'étonnent encore de son accablante supériorité. C'est la première fois qu'il sourit en courant, de toutes ses grandes dents, tout en regardant le paysage. Tout juste s'il ne signe pas des autographes au passage, s'il ne communique pas ses impressions sur l'aimable campagne finlandaise, joyeux décor de sapinières et de champs d'orge, de rocailles brunes et de bouleaux, d'étangs luisants de soleil.

Sept kilomètres avant la fin, cependant, petite gêne : comme la sueur colle trop son maillot sur sa poitrine, il le retrousse et poursuit, torse à demi nu, radieux. Puis sachant que le stade olympique est proche, il convient de vérifier si son système expressif est encore au point. Il commence donc à grimacer pour être sûr d'être reconnu, mais juste un peu, pas la grande démonstration classique, rien de comparable avec son numéro de piste. Juste un petit jeu de rictus qu'il n'accroît qu'avant le stade où ceux-ci lui servent de passeport, lui permettant d'être identifié dès son entrée par le public heureux de le retrouver comme d'habitude. Annoncé par une sonnerie de trompettes, il arrive frais comme l'œil, s'offrant à la satisfaction générale un petit sprint final qui n'était pas indispensable et voilà, il a tout gagné : médaille d'or.

Émile, diront ses contempteurs, n'a même pas remporté le marathon : il s'est juste livré à une de ses bonnes vieilles séances d'entraînement. Cet homme contorsionné, figure de la douleur, a transformé en promenade l'épreuve du drame, de la suprême souffrance. Il s'en est joué : l'épuisement du soldat s'effondrant sur la ligne du devoir accompli, la sueur et les larmes, la civière et les infirmiers, l'angoisse et ses accessoires, tout ça, pour lui : foutaises. Les contempteurs ont tort. Émile vient de connaître un martyre comme les autres mais il n'en laisse rien voir, il est discret même si son sourire, en passant la ligne, est celui d'un ressuscité. Une fois cette ligne franchie, essoufflé juste ce qu'il faut, sans un regard pour les brancardiers, il déclare que non, pas trop fatigué, juste un peu mal à la tête mais ça va passer.

Par crainte de se répéter, par souci d'éviter qu'on se lasse, on a préféré ne pas décrire l'accueil des précédentes prouesses d'Émile à Helsinki : ovations et vivats divers, débordements d'enthousiasme, explosion de l'applaudimètre. Mais là, trois médailles d'or raflées en dix jours par le même type, on ne croit pas avoir déjà vu ça : cent mille spectateurs debout ne s'étonnent pas seulement de ce qu'ils voient, mais aussi du bruit qu'ils peuvent faire en le voyant.

13

De retour à Prague, héros national, Émile est reçu en triomphe. Félicitations officielles au stade de l'Armée, défilé en voiture devant une foule immense agglutinée dans les avenues, promotion du grade de capitaine à celui de commandant, intervention du gouvernement auprès du président Gottwald pour qu'Émile soit décoré de l'Ordre de la République. Et, dans les mois qui suivent, on l'exhibe d'usine en usine à travers tout le pays pour qu'on voie qu'il est vrai, qu'il existe vraiment, qu'on ne l'a pas inventé ou plutôt si, que le communisme en marche l'a inventé.

Il n'a pas inventé que cela : cependant s'ouvrent à Prague, plus spectaculaires que jamais, de nouveaux procès contre quatorze dirigeants qui étaient six mois plus tôt, dans les plus hautes sphères de l'État, de consciencieux et respectés secrétaires généraux du Parti, ministres, vice-ministres ou chefs de section. Les conseillers soviétiques ont jugé bon que ces quatorze, parmi lesquels on se plaît à préciser que figurent onze juifs, soient enfin et soudain démasqués comme conspirateurs, traîtres, espions trotskystes-titistes-sionistes, nationalistes bourgeois, valets de l'impérialisme, ennemis du peuple tchécoslovaque, du régime de démocratie populaire et du socialisme. On les travaille au corps sans ménagement jusqu'à ce qu'ils veuillent bien admettre, préciser puis revendiquer leurs crimes, supplier même qu'on les punisse pour que cessent les tortures : dès lors on en pend la plupart, emprisonne à vie le peu qui reste et transfère quelques privilégiés dans les mines d'uranium. Comme quoi, vous explique-t-on volontiers, le communisme en marche fait décidément la preuve de sa supériorité : non seulement il produit les plus grands champions, mais il démasque aussi les plus grands traîtres. C'est dans cette chaude ambiance, comme le gouvernement américain insiste pour l'inviter avec Dana à se produire sur les stades des États-Unis, qu'Émile est convoqué.

Camarade, lui dit-on en lui tendant un papier, il va sans dire que cette invitation, tu la refuses, mais il serait aussi bien venu que tu t'exprimes à son sujet. Ce serait très bien, par exemple, si tu disais ceci. Bon, dit Émile, si vous y tenez. Et sur les ondes de la radio d'État, le voilà qui tourne en dérision la proposition américaine, précisant que les rencontres ont lieu là-bas sur des pistes de cirque techniquement impraticables, ajoutant qu'il se contente de rire de ces épreuves grotesques et pour tout dire antisportives. Guerre froide et rideau de fer, on ne veut décidément pas qu'Émile aille faire un tour ailleurs. Et on le confirme officiellement un mois plus tard : il ne participera plus à aucune réunion hors des frontières de l'Europe orientale.

Déjà, à Helsinki, on avait pu se demander si Émile était absolument libre de ses mouvements, s'il décidait lui-même de ses compétitions. Juste après le marathon, devant la tribune de presse, un reporter italien lui avait demandé s'il viendrait courir cet automne à Milan. Émile avait levé la tête et, sans un mot, pointé son pouce par-dessus son épaule vers l'un des officiels à veston rouge. Celui-ci avait juste secoué sa grosse tête de gauche à droite, sans s'exprimer plus. D'accord.

Reste à faire ce qu'il peut sur le sol natal, il faut bien s'occuper. Au cours d'une réunion du Club des moniteurs de culture physique de l'armée, Émile déclare par exemple qu'il a envie de battre deux nouveaux records du monde : ceux des vingt-cinq et des trente kilomètres, distances rarement affrontées par les spécialistes et sur lesquelles importent surtout les temps de passage, soit l'ensemble de performances qu'on peut réaliser au cours d'une même épreuve. La tentative aura lieu sur le stade préféré d'Émile, à Stara Boleslav, dans l'agglomération de Houstka, au nord de la Bohême, par vent nul, air humide et 11°. Et le surlendemain, ces records du monde, bien sûr qu'il les bat. Et les temps de passage, bien sûr qu'il s'en joue. C'en deviendrait presque un tout petit peu lassant.

D'ailleurs on dirait que la critique spécialisée commence à se lasser. Émile en fait trop. Il gagne trop. On finira par ne plus s'étonner de ses victoires ou, pire, on ne s'étonnera que lorsqu'il ne vaincra pas. Il semble même qu'à cet égard, la presse sportive se mette à préparer le terrain. D'ici quelques années, prédit-elle, Émile ne sera plus qu'un souvenir. Telle est la loi du sport, soupire-t-elle. On dirait qu'on attend déjà de se débarrasser de lui.

C'est aussi que depuis sa première grande affaire aux Jeux de Londres, à vingt-six ans, Émile est inégalé, Émile est inégalable. Pendant les six années, les deux mille jours qui vont suivre, il sera l'homme qui court le plus vite sur Terre en longues distances. Au point que son patronyme devient aux yeux du monde l'incarnation de la puissance et de la rapidité, ce nom s'est engagé dans la petite armée des synonymes de la vitesse. Ce nom de Zatopek qui n'était rien, qui n'était rien qu'un drôle de nom, se met à claquer universellement en trois syllabes mobiles et mécaniques, valse impitoyable à trois temps, bruit de galop, vrombissement de turbine, cliquetis de bielles ou de soupapes scandé par le k final, précédé par le z initial qui va déjà très vite : on fait zzz et ça va tout de suite vite, comme si cette consonne était un starter. Sans compter que cette machine est lubrifiée par un prénom fluide : la burette d'huile Émile est fournie avec le moteur Zatopek.

C'en serait même presque injuste : il y a eu d'autres grands artistes dans l'histoire de la course à pied. S'ils n'ont pas eu la même postérité, ne serait-ce pas que chaque fois leur nom tombait moins bien, n'était pas fait pour ça, ne collait pas aussi étroitement que celui d'Émile avec cette discipline – sauf peut-être Mimoun dont le patronyme sonne, lui, comme souffle un des noms du vent. Résultat, on les a oubliés, ce n'est pas plus compliqué, tant pis pour eux.

C'est donc peut-être au fond ce nom qui a fait sa gloire, du moins puissamment contribué à la forger, on peut se le demander. Se demander si ce n'est pas son rythme, son battement qui font qu'il parle encore à tout le monde et fera long-temps encore parler de lui, si ce n'est pas lui qui a fabriqué le mythe, écrit la légende – les noms peuvent aussi réaliser, à eux seuls, des exploits. Mais enfin n'exagérons rien. Tout ça est bien joli sauf qu'un patronyme, on peut lui faire dire ou évoquer ce qu'on veut. Émile eût-il été courtier en grains, peintre non-figuratif ou commissaire politique, on eût sans doute trouvé son nom tout à fait adapté à chacun de ces métiers, dénotant aussi bien la gestion rationnelle, l'abstraction lyri-que ou le froid dans le dos. Ç'aurait chaque fois aussi bien collé.

À part ça, dès la fin de l'année, une petite annonce dans la presse fait savoir que le tableau d'affichage des Jeux d'Helsinki est à vendre. Il s'agit d'un ensemble de sept mille lampes en deux cents grou-pes de trente-cinq. Autre lumière, Joseph Staline s'éteint au début de l'année suivante et le président Gottwald, guide bien-aimé qui a pris froid pendant ses funérailles, meurt à Prague dès son retour de Moscou.

14

Émile est un peu fatigué. On peut le comprendre, on le serait à moins. Outre l'or amassé en Finlande, il est devenu l'homme aux huit records du monde sur les distances supérieures à cinq mille mètres : six, dix et quinze miles ; dix, vingt, vingt-cinq et trente kilomètres ; sans parler du record de l'heure. De retour en pleine forme à Prague, pendant les mois qui suivent il n'est plus très actif comme s'il se reposait de ses exploits. Il est fêté partout, on vient d'inaugurer un musée à sa gloire dans sa ville natale de Koprivnice, on prépare un film qui racontera sa vie, il a bien le droit de souffler.

Staline puis Gottwald morts, on dirait d'ailleurs qu'on va peut-être respirer un petit peu mieux : de légers indices attestent qu'il doit se passer quelque chose du côté du pouvoir tchécoslovaque, même si c'est momentané. De menus événements, l'air de rien, donnent le ton. Du jour au lendemain, par exemple, voici que le journal *Prace*, organe des syndicats qu'on ne lit de toute façon que pour sa page sportive, s'avise de critiquer l'Office de la Culture physique, déplorant que celui-ci ne permette pas aux athlètes tchèques de se produire à l'étranger. Voilà du nouveau.

Comme pour donner raison à cet organe, à moins qu'il ait été chargé de préparer le terrain, on annonce qu'Émile va se rendre au Brésil, à Sao Paulo où il participera à la grande course de la Saint-Sylvestre qui marque le dernier jour de l'année. Dès qu'il a obtenu son visa, exprimé son contentement, il s'enferme mystérieusement dans la salle de bains pendant des heures, dans la seule compagnie d'un carnet de papier à cigarettes Riz La Croix. Ce même Riz La Croix sur les petites feuilles fragiles duquel, au même moment, du fond de sa prison de Ruzyn, l'un des condamnés à perpétuité des grands procès de Prague rédige clandestinement un rapport sur la réalité de ceux-ci dans l'espoir de le transmettre à son épouse.

De Prague à Sao Paulo, une escale est prévue à Paris où, dans le hall de l'aérodrome du Bourget, il donne une conférence de presse avant de s'envoler à bord d'un Super-Constellation. Comment voit-il cette course de Sao Paulo. Eh bien je vais gagner, dit-il ingénument. On ne m'a pas indiqué les noms de mes adversaires mais peu importe puisque je vais gagner. Quels qu'ils soient, je vais les battre tous et j'en suis très content. Je prendrai beaucoup de plaisir à les battre, insiste-t-il en découvrant encore plus de dents que jamais. Tout simplement. Il est agaçant, quelquefois.

Sao Paulo : à l'hôtel où descendent les athlètes étrangers, son habituelle curiosité le fait se ruer aussitôt dans la salle de bains de sa chambre. Il ouvre un robinet, sort de sa poche son carnet Riz La Croix, roule plusieurs feuilles en boulettes qu'il jette au fond du lavabo. C'est qu'on lui a parlé de la loi de Coriolis et il veut vérifier s'il est vrai que, dans l'hémisphère Sud, l'eau tourne dans le sens inverse que dans le Nord avant de s'écouler par la bonde. C'est pourtant vrai, bon Dieu. Émile n'en revient pas. Redescendu dans le hall, où tout le monde se bouscule pour l'attendre et tenter de l'apercevoir, il se prête en souriant aux interviews, aux demandes d'autographes, il fraternise avec ses concurrents.

Personne n'a l'air de douter plus que lui de sa victoire, bien que se pose une petite question technique. Car cette épreuve, disputée dans la nuit qui sépare une année de la suivante, est longue de sept kilomètres très accidentés mais surtout courue par plus de deux mille partants. Or tout le problème est là : se dégager de cette meute. S'en extraire assez tôt pour ne pas être débordé. Démarrer vite en se fatiguant trop tôt risque de compromettre la fin de la course, et partir prudemment expose à se retrouver noyé dans le tas. Bon, dit Émile, on verra. En attendant, il se renseigne aux bureaux de la *Gazeta Esportiva*, journal organisateur de la manifestation. Et pour le départ, s'inquiète-t-il, ça se passe comme d'habitude au pistolet, je suppose. Non, lui dit-on, vous partez aux derniers accents de l'hymne national brésilien. Bon mais dites-moi, demande Émile, je suppose qu'on le trouve dans le commerce, cet hymne. Et il achète le disque et il l'apprend par cœur. On n'est jamais trop sûr.

Pour éviter les faux départs et les élans prématurés, on a donc décidé d'exécuter l'hymne national avant le coup de pistolet qui doit ponctuer la dernière note. Mais, lancé par un farceur, un pétard inconsidéré sème le trouble dans les esprits : pris pour le signal attendu, il déclenche l'immense cohorte en plein milieu de l'hymne et ça y est, tout le monde s'y met. Émile a choisi de prendre aussitôt la tête devant un million de personnes frénétiques et sous un feu d'artifice géant, dans un assourdissement de clameurs, de trompes, de sirènes et de cornes, de fusées, de pétards explosant partout, d'orchestres en plein air qui saluent au passage les coureurs, ceux-ci étant contraints de se frayer un chemin parmi les guirlandes, les lampions et les flashes, dans le passage étroit que leur laissent les spectateurs.

Mais tout cela se déroule sans trop de mal avant que, dans la côte finale extrêmement raide, la Locomotive tchèque s'envole, se transforme en funiculaire et gagne évidemment, très loin devant tout le monde, pulvérisant d'une minute le record de l'épreuve. Le ravissement devant sa personne est encore à son comble et, le soir, lors de la réception donnée au siège de la *Gazeta Esportiva*, la bousculade est à ce point monstre qu'Émile, sous peine de périr étouffé, doit sortir de l'immeuble par une porte dérobée.

Le lendemain, la pluie tombe, Émile attrape un rhume qui vire en grippe et doit rester se reposer à l'hôtel : il refuse dix invitations par jour pendant qu'on livre dans sa chambre deux cents kilos de médailles, de coupes et de statues. Mais, enchanté de l'enthousiasme brésilien, il promet de revenir l'an prochain, pensant pouvoir compter sur ses autorités de tutelle : en lui autorisant ce déplacement, sa victoire à Sao Paulo a donné à la Tchécoslovaquie la popularité qu'elle espérait, semblant avoir changé de politique à cet égard. Puis de retour en Europe, avant de regagner Prague, Émile passe une nuit dans un hôtel des bords de Seine à Paris, où il promet aussi de revenir dans six mois.

En attendant, il est devenu l'homme à abattre, la référence absolue, l'étalon-or de la course de fond. On peut même se demander, s'interrogent gravement les chroniqueurs, s'il ne commet pas une grosse erreur psychologique en battant les records du monde à une cadence inlassable. Car enfin, maugréent-ils, il va bien arriver un jour où l'étonnement fera place à la curiosité polie, puis la curiosité à l'indifférence et, le jour où l'extraordinaire deviendra quotidien, il ne sera plus extraordinaire du tout. On ne recommencera de s'étonner que lorsque Émile perdra. En attendant ce jour, et même si l'on aime spéculer sur les coureurs qui pourraient bientôt le détrôner, toutes les nouvelles de lui continuent de faire la une des journaux.

Six mois plus tard, donc, retour à Paris pour le cross de *L'Humanité*. Émile est reçu au Bourget en monarque. Descendant du monstrueux DC-6 qui vient de se poser sur le ciment de la piste du Bourget, il est frileusement engoncé dans une large gabardine grise et coiffé d'un bonnet de laine multicolore à pompon qui ne le quittera plus jamais. Quand il l'ôte pour saluer, on observe qu'il s'est rasé le crâne car Émile, il faut bien l'admettre, commence à perdre ses cheveux. Comme photographes et journalistes se ruent sur lui, il leur répond en bon français mais sur un ton moins victorieux qu'il y a six mois : à son avis, dit-il, c'est Kuts qui devrait le battre demain à l'hippodrome de Vincennes. Ce Kuts est un fort beau garçon, marin de la flotte soviétique de son état, beaucoup plus entraîné qu'Émile qui prétend ne pas l'être et puis surtout, il faut l'admettre aussi, plus jeune.

Mais, le lendemain, Kuts n'a même pas pu menacer Émile. Devant une foule de vingt mille personnes, d'abord un peu long à se mettre en action, Émile a ensuite couvert la distance à toute allure, galopant encore loin devant les autres entre une double haie de spectateurs. Service d'ordre débordé, piste envahie, triomphe de base. Changeant encore d'avis, les chroniqueurs se demandent si les années pourront altérer sa cadence, et Kuts lui-même observe que jamais il n'a été aussi fort. Quant à Émile, il se dit prêt à revenir dans deux mois à Paris où, cette fois, sa curiosité ne l'a poussé qu'à faire un petit tour du côté de la place Pigalle.

Dans cette perspective de retour – et dans celle des Jeux de Berne –, il se lance dans un stage de préparation de plusieurs semaines à Stara Boleslav où il se sent toujours très bien. À l'issue du stage, conférence de presse à l'hôtel Palace où résident les journalistes. Questionné sur sa forme si constante, le doux Émile, comme on l'appelle souvent, ne cache pas qu'elle l'étonne lui-même. Mais je ne me fais pas d'illusions, dit-il pour la première fois, je sais que je vais doucement vers mon déclin. De toute façon je ne vise que le record des dix mille mètres. Pour les cinq mille, je ne vais plus assez vite. Et quant au marathon, c'est une épreuve qui ne me plaît pas beaucoup : on s'y ennuie franchement trop. En attendant, je vais retourner à Paris. Et en effet, à Prague, le ministère des sports et de la culture a donné son accord pour une invitation au stade Yves-du-Manoir de Colombes, sur avis favorable de la Maison centrale de l'armée.

Mais pendant son dernier séjour en France, Émile a accordé un entretien à un quotidien de son pays, le *Svobodne Slovo*, organe d'une petite formation satellite du Parti, censée faire croire que le pluralisme existe et dont le directeur collabore avec la police politique. Camarade, lui a demandé le journaliste, pourrais-tu d'abord nous dire comment tu te sens ? Ça va, a répondu Émile, ça va bien, mais je crois que je suis arrivé à un niveau où tout progrès m'est très pénible. Bien, a noté le journaliste, pourrais-tu maintenant donner pour nos lecteurs tes impressions sur Paris ? Bien sûr, a dit Émile qui pense à autre chose, n'est pas très à ce qu'il fait. Alors allons-y, a dit le journaliste. Donc, Paris, qu'est-ce que tu en as pensé ?

Ma foi, a répondu Émile avec désinvolture, Paris, tu sais, il n'y a vraiment pas grand-chose à voir. Pigalle, bien sûr, pas mal. Et puis les filles, évidemment, de sacrément belles filles. On en voit plein de photos dans les journaux, de ces filles splendides. Et puis il y a le vin, naturellement. Mais aussi qu'est-ce qu'il y a comme boutiques dans ce pays, dis donc, je n'avais jamais vu ça, des commerces il y en a partout.

Très bien, camarade, merci, dit le journaliste en refermant son calepin. Je serai heureux de transcrire tes intéressants propos comme ils le méritent.

Propos qui, retranscrits en effet dans son journal, donnent ce qui suit : Paris m'a déçu, nous déclare Zatopek. Le Paris de la littérature de pacotille. Le Paris de la prostitution, des revues et brochures pornographiques. Le Paris dominé jusqu'au cœur de son système nerveux par l'affairisme et l'esprit mercantile.

Résultat : quelques jours plus tard, paraît un communiqué du ministère français des affaires étrangères. Après sa dernière visite en France au printemps, s'indigne ce communiqué, le coureur Zatopek a cru devoir tenir au journal tchécoslovaque *Svobodne Slovo* des propos déplacés relatifs à ce voyage. Compte tenu de ces déclarations injurieuses pour la population parisienne, le ministère des affaires étrangères a décidé de refuser l'entrée du territoire à M. Zatopek.

15

Ce refus provoque un beau tapage mais, comme tout le monde s'en mêle, Émile finit par obtenir son visa. Cet incident devrait lui apprendre à se taire mais ce n'est pas sa faute s'il a le don des langues, s'il parle bien le russe et l'allemand, pratique correctement l'anglais, le français, le hongrois, et se débrouille pas mal dans la plupart des langues d'Europe centrale et de Scandinavie. Je regrette parfois mes facilités pour les langues étrangères, déplore-t-il, penaud, après cet épisode. Ce n'est pas bon d'en connaître tant. Il faut toujours parler, toujours répondre. Eh oui, Émile.

Après cette affaire, il arrive en France assez en colère, comme à Berlin le jour où tout le stade s'était moqué de lui. Et c'est peut-être pour s'en venger qu'il bat le record mondial des cinq mille mètres au stade de Colombes. Il ne le bat que d'une seconde, mais c'était le seul qui lui manquait sur les distances de fond – ce qui, de huit records du monde, nous fait passer à neuf. Puis quand le public réclame un tour d'honneur, il galope quatre cents mètres de plus pour lui faire plaisir, à toute allure comme s'il ne venait de fournir qu'un effort dérisoire. Et après cela, malgré sa calvitie, il fait l'acquisition d'une brosse à cheveux en nylon, modèle inconnu sous les cieux tchécoslovaques. Mais ce doit être pour Dana car il achète aussi un savon parfumé à l'amande et un tube de Rouge Baiser.

Puis, dans le mouvement, il améliore à Bruxelles son propre record planétaire des dix mille. Cela peut paraître à présent relever de la routine, mais les autorités tchèques sont très sensibles à cette routine-là et, dans leur singulière arithmétique : Colombes + Bruxelles = Promotion d'Émile au grade de lieutenant-colonel.

Je ne sais pas vous mais moi, tous ces exploits, ces records, ces victoires, ces trophées, on commencerait peut-être à en avoir un peu assez. Et cela tombe bien car voici qu'Émile va se mettre à perdre.

16

Ça commence à Budapest, sur ces dix mille
mètres qui sont sa distance, qui n'appartiennent
qu'à lui, mais où il est battu par un certain Kovacs.
C'est presque déloyal : Émile si beau malgré son
vilain style et Kovacs tellement moche, jambes
courtes et buste court surmonté d'un gros occi-
put, mais qui compense son air de gnome buté
par une résistance à toute épreuve. Quoi qu'il en
soit c'est un sale coup pour Émile, d'autant plus
qu'il se met à perdre une série d'autres courses
dans la foulée.

Il perd un peu, il gagne, il perd encore, il rega-
gne un petit peu et l'on se met à penser qu'Émile,
ce n'est peut-être plus tout à fait ça. Il se le dit
lui-même, d'ailleurs, il n'est pas dupe, mais dès
lors tous ceux qu'il a réduits à néant dans leurs

couloirs se prennent à caresser un espoir de se venger. Pas une revanche aussi spectaculaire que les exploits d'Émile, bien sûr, mais susceptible de restaurer un peu leur fierté. C'est ainsi qu'on spécule, qu'on anticipe, qu'on diagnostique. Il semblerait, dit-on, qu'Émile voie poindre la menace du déclin sans retour, l'adieu à sa suprématie et la fin des honneurs. Lui qu'on croyait inaccessible aux défaillances est trahi par son corps qui ne veut plus de l'effort, malgré le pouvoir de son orgueil et de sa volonté. C'est normal, après tout, il n'est pas de miracle en ce domaine. Il va lui falloir admettre que le simple effet de sa présence sur un stade est une arme rouillée, que son tour est venu d'éprouver le désarroi par lequel il tenait, même sans le vouloir, ses adversaires.

D'ailleurs quand il va courir en Suisse, ça se voit. Il attendait beaucoup de cette épreuve de Berne, il s'y était préparé comme jamais. Même si, cette fois, il est à peu près sûr de vaincre au vu de ses adversaires, en attendant d'aller se battre il semble inquiet, nerveux, presque accablé. Il marche un peu voûté, le cou dans les épaules, son bonnet enfoncé sur les oreilles sans souci d'élégance. À Berne, quand l'équipe tchécoslovaque est rituellement invitée à visiter la chocolaterie, Émile s'y rend poliment avec les autres et par curiosité comme d'habitude mais sans l'air de trop y penser. Sous la pluie, dans son imperméable, on dirait un petit employé qui part au travail. Et après la visite, assis près de Dana devant un film qu'on leur projette et qui exalte la Suisse en général et le chocolat en particulier, lui, titan de la course à pied, n'est plus qu'un spectateur anonyme, humble et discipliné, qui regarde gentiment ça comme il regarderait autre chose. Parmi ses coéquipiers géants, athlétiques et chevelus, Émile a soudain l'air d'un enfant sage ou d'un vieil homme navré que tout cela n'intéresse plus.

Sa curiosité le pousse quand même aussi à visiter le zoo de Berne où Émile se réjouit de voir enfin des singes, espèce qui n'a pas encore droit de séjour en Tchécoslovaquie. Mais les singes ont l'air méchants, aigris, amers, perpétuellement vexés d'avoir raté l'humanité d'un quart de poil. Ça les obsède à l'évidence, ils ne pensent qu'à ça. Ils seraient prêts à le faire payer. Ce n'est pas qu'Émile soit déçu de ce spectacle, mais ça ne lui remonte pas le moral.

Même s'il continue de surprendre son monde, on s'est déjà mis à parler de lui presque au passé. Très brusquement, presque d'un jour à l'autre. Même si à Berne – piste luisante et forêt de parapluies –, on le juge stupéfiant, course étincelante, ronde fantastique, maillot rouge à la pointe du combat contre des adversaires qu'on disait redoutables et qui n'ont pas existé. Même si l'on revoit à Prague – vent fort et temps glacé – le démoniaque Émile servir un nouveau numéro de son répertoire qu'on croyait épuisé. Mais s'il gagne encore quelquefois, il perd de plus en plus. Il voit bien ce qui lui arrive, il en prend son parti. Il l'admet. Bon, dit-il, je suis dépassé mais tant pis. Et même, au fond, tant mieux. J'aime courir, je veux encore courir, courir beaucoup, mais ce n'est pas mal non plus de redevenir un coureur normal qui peut perdre.

Il décide de renoncer aux cinq mille mètres, où il ne se voit plus. C'est devenu une épreuve trop rapide, réservée aux coureurs de mile et où les spécialistes en endurance comme lui n'ont plus rien à chercher. Il se cantonnera désormais aux dix mille et aux plus longues distances. Il aimerait bien par exemple, malgré l'ennui que lui inspire l'épreuve, travailler le marathon en vue des prochains Jeux olympiques, à Melbourne.

En attendant Melbourne, Émile a envie de retourner au Brésil comme il l'avait promis mais, l'an dernier, alors qu'il en revenait, un autre journaliste du *Svobodne Slovo* a sollicité une petite interview. Échaudé par l'histoire parisienne, Émile

110

l'a regardé avec méfiance. Camarade, lui a dit le journaliste, nos lecteurs seraient vivement intéressés par tes impressions sur le Brésil.

Écoute, a commencé Émile, je voudrais être extrêmement clair. C'est tout à fait magnifique, le Brésil. J'insiste, hein, c'est vraiment formidable. À tous points de vue. Je vais y retourner avec plaisir. Est-ce que je me fais bien comprendre ?

Résultat : communiqué du porte-parole du ministère brésilien des affaires étrangères. Le visa d'Émile pour le Brésil est refusé. Il ne s'agit pas, précise le porte-parole, d'une décision politique générale, mais d'un cas particulier. M. Zatopek, en effet, à son retour en Tchécoslovaquie, a tenu des propos désobligeants sur le Brésil.

17

Le temps passe, les flots de la Vltava coulent
sous les ponts de Prague et les rumeurs radotent
sur le destin d'Émile. Sans annoncer son vrai
déclin, ses défaites répétées semblent marquer
du moins la fin de sa toute-puissance. Pour le
XVIIIe cross de *L'Humanité*, les Tchèques et les
Soviétiques arrivent à Paris dans le même DC-4
d'Air France mais, cette fois, Émile n'est plus la
seule vedette attendue au Bourget. De l'avion des-
cend aussi le beau Kuts qui, chacun se volant à
tour de rôle au fil des mois le meilleur temps, avait
contribué à fracasser le record des cinq mille
mètres avec Émile avant que celui-ci renonce à
cette distance.

Émile est habillé comme d'habitude : vieille
gabardine quoique cette fois de couleur verte, éter-

nel bonnet de laine à pompon, toujours décontracté loin des pistes, mais n'aurait-il pas un peu grossi. Oui, sourit-il dans toutes les langues comme à son habitude, j'ai pris deux petits kilos. C'est que j'ai eu beaucoup de travail cette année, hein, donc un peu moins de facilités pour m'entraîner.

Facilités ou pas, Émile gagne sans aucun mal le cross traditionnellement organisé par l'organe central. Cette cérémonie sportive internationaliste se déroule en présence des ambassadeurs d'URSS, de Tchécoslovaquie, de Hongrie, de Pologne et autres pays frères et, côté apparatchiks français, de Jacques Duclos, Marcel Cachin, Étienne Fajon et André Stil, le tout dans un courant d'air glacial et une débauche de discours sans fin, de marches militaires et d'hymnes nationaux. Acclamé par les camarades, on somme Émile de prononcer quelques mots sur le podium. Je suis content, déclare-t-il, mais je regrette un peu qu'un jeune ne m'ait pas battu. Les jeunes ont plus que moi l'amour de la victoire. Moi, j'ai maintenant trente-trois ans, je n'ai plus la même volonté de vaincre, je ne cours plus que pour le plaisir de courir. Je vous remercie. On l'ovationne. Quel bon esprit, se dit-on, grands dieux, quel bon esprit.

Cependant la vie des couloirs lui donne raison. De retour en Tchécoslovaquie, dans la petite ville de Budejovice où il participe au championnat de cross-country de l'Armée, Émile s'incline devant le nommé Ullsberger, qui est au demeurant son disciple favori. Sur terrain lourd, par un froid sec, Ullsberger étonne tout le monde en le devançant de cinquante mètres. C'est la première fois depuis dix ans qu'Émile est battu dans son propre pays.

Quelques jours plus tard, à Zlin, Émile a beau prendre sa revanche sur Ullsberger, n'empêche que le mal est fait. Il tente de créer l'événement en annonçant qu'il va s'attaquer à son propre record mondial des dix mille mètres, celui de Bruxelles, et il veut le battre à Houstka, dans son stade favori de Stara Boleslav. Il n'y a là qu'une petite piste de 363,76 m mais elle est excellente, bien protégée du vent par la forêt circonvoisine, et les meilleurs techniciens locaux l'ont remise en état pour cette tentative.

Cependant la semaine a été chargée. Trois jours plus tôt, pour le dixième anniversaire de la libération, il a dû participer en tant qu'officier au grand défilé commémoratif de l'armée tchécoslovaque : l'air de rien, ces choses fatiguent. De plus la chaleur est accablante ce jour-là sur Stara Boleslav et, le bouclier d'arbres proches se révélant insuffisant, les rafales d'un vent très violent soulèvent péniblement la poussière sur le stade.

Échec. Émile est trahi par le vent, la chaleur, la poussière, et par Ullsberger qui devait lui servir de lièvre mais qui en a profité pour le lâcher. Langue tirée, visage rouge, éprouvé par l'atmosphère lourde et orageuse, Émile cède au huitième kilomètre et rate son record, alors qu'il était largement dans les temps intermédiaires de Bruxelles. La foule émue en oublie presque de scander ses exhortations.

Tant pis. Que faire à présent. Eh bien préparons dès maintenant le marathon de Melbourne cependant qu'aux antipodes, les Australiens se ruent déjà par milliers pour acheter leurs billets des Jeux de l'année prochaine. Cependant aussi que la presse tchécoslovaque annonce la mise au point d'un tonique miracle, conçu en laboratoire par une équipe de chercheurs à partir du régime d'Émile, et aussitôt baptisé Cocktail Zatopek. Mais, considéré de près, ce produit laisse un peu sur sa faim : composé de levure et de glucose extrait de fruits, il ne rappelle guère que le mélange prôné dans le même temps par Gaylord Hauser, auteur du best-seller intitulé *Vivez jeunes, vivez longtemps*.

Tous glucoses et levures qu'on voudra, toujours est-il que ces temps-ci ça ne s'arrange pas. À Prague, Émile s'abstient de participer aux championnats de l'Armée, puis il perd au cours de l'épreuve du Memorial Rosicky. À Belgrade il est nettement battu pour cause de dérangement intestinal, justement dû à un abus de fruits. À Varsovie, journées décevantes, Émile se traîne sans éclat sur dix mille mètres pour être irrémédiablement lâché le lendemain sur cinq mille.

Il n'est pas dupe, il voit que l'heure de la retraite va sonner. Mais il ne le prend pas mal, il l'évoque en semblant s'en amuser. Il continue de se dire content que les petits jeunes le surpassent et s'apprêtent à améliorer tous ses records. Il espère simplement durer jusqu'à Melbourne où il s'obstine à vouloir faire bonne figure. Ensuite, dit-il, finis les déplacements. Je courrai autour de ma maison, je m'occuperai de former tous ces petits jeunes qui aiment la longue distance et voilà tout. Le voici même qui se met à se déplacer à moto, une petite NSU Quickly qu'on lui a offerte à Karlsruhe. Enfin, c'est surtout Dana qui la pilote, lui se contente de la suivre en trottinant pour rire quand il faut poser devant les photographes de presse.

Parfois, quand même, Émile se reprend un peu, mais c'est aussi qu'il ne faut pas qu'on le cherche. À Brno, par exemple, il dispute cinq mille mètres contre un Polonais nommé Krzyskowiak qui vient de le battre à Varsovie et qui s'y voit déjà, qui entend bien continuer. Parti devant, ce Krzysko-wiak ne veut donc surtout pas qu'Émile le dépasse et, déloyal, tente même de s'en débarrasser en le bousculant à mi-parcours pour le projeter hors de la piste. Grosse colère du doux Émile, qui évite le coup bas et prend la tête après le virage. Mais Krzyskowak revient en force, repasse devant lui, le distance et paraît devoir gagner quand Émile, toujours furieux, serrant les dents, déborde le Polonais à toute allure juste avant l'arrivée pour terminer avec son meilleur temps de l'année. Il gagne sous les habituels tonnerres d'applaudisse-ments, il est redevenu le héros du match, le roi de la piste. Non, tu vois, tout n'est pas complète-ment foutu pour Émile. Mais tu vois bien aussi que lorsqu'il gagne, c'est en se contentant d'accé-lérer progressivement, tant qu'il peut, dans les derniers kilomètres. Il ne procédait pas ainsi aupa-ravant.

Gagner moins souvent n'est pas grave pour n'importe qui passant par des hauts et des bas. Sauf que lui jusqu'ici, toujours premier, n'a jamais connu d'étiage. Or il est bien normal qu'en vieil-lissant il récupère moins bien, que ses efforts le fatiguent plus vite, qu'il mette plus de temps à se remettre. Il le sait mais parfois se rebiffe encore, comme s'il n'en voulait rien savoir, il s'obstine à relancer les dés. Toujours affable et nullement accablé, c'est ainsi qu'il annonce son intention de s'attaquer encore une fois à son record de Bruxelles.

Ça ne marche toujours pas. Ça marche si peu qu'après un match Londres-Prague, Émile qui s'est retrouvé troisième semble en tirer les conclusions. Il annonce que, sans abandonner définitivement l'athlétisme, il ne participera plus aux rencontres internationales après les Jeux de Melbourne. Il vaut mieux se retirer quand on est encore en forme, observe-t-il en précisant qu'il a pris cette décision depuis un certain temps. Et puis ça va comme ça, ajoute-t-il, mes succès ont assez duré.

Mais il est terrible, quand même. Voici que malgré tout l'idée lui vient de battre un autre de ses records mondiaux, celui de l'heure, et il va le faire à Celakovice qui est une petite ville proche de Prague. C'est ainsi. Une lubie, comme ça, qui le prend. Émile y renonce au dernier moment car la piste n'est pas prête mais, à la place, il décide de courir vingt-cinq kilomètres pour tenter de reprendre le record sur cette distance, que le Russe Ivanov lui a ravi il y a un mois. Et voilà, il court et il le reprend. Ce type qu'on commençait à dire fini possède à nouveau tous les records du monde en longue distance, du six miles aux trente kilomètres. On n'y comprend plus rien.

On ne sait plus que penser. On le soupçonne d'avoir monté une stratégie, caché son jeu toute cette saison, donné des signes de faiblesse, voire de déclin, pour réaliser cet exploit imprévu de Celakovice. On l'imagine négligeant volontairement ses chances sur cinq mille et dix mille mètres pour préparer de plus longues distances, sans doute en vue du marathon de Melbourne. C'est qu'il avait déjà fait le coup il y a quatre ans, autre année préolympique, s'annonçant profil bas pour finalement rafler tout l'or du monde. Avec lui, on ne sait pas. On sait d'autant moins bien que, comme un signe d'adieu, Émile publie ses mémoires intitulés *Mon entraînement et mes courses* et dont le dernier chapitre, « Émile dans l'intimité », a été écrit par Dana.

Dana avec qui Émile part séjourner deux mois en Inde, où ils dirigeront l'entraînement des athlètes locaux et donneront quelques conférences – les choses semblent avoir décidément changé à Prague, on sort du pays de plus en plus facilement. Arrivés à Bombay, ils gagnent New Delhi où, tous les jours, Émile parcourt quarante kilomètres car un marathon, ça se prépare. Du moins c'est ainsi que lui le prépare. D'ailleurs, à son retour, il annonce dans le *Svobodne Slovo* qu'à Melbourne il ne s'alignera qu'à cette épreuve. Fini le dix mille mètres olympique, où il estime n'avoir plus aucune chance de figurer utilement.

Mais va savoir, il peut encore changer d'avis. Selon un rituel proche de celui des adieux au music-hall, les stars de la course à pied ont le chic pour alterner les déclarations définitives, tragiques, et la reprise impromptue de l'entraînement voire l'établissement de nouvelles performances. Émile, en tout cas, continue de s'entraîner en forêt malgré le froid rigoureux qui est tombé sur la Tchécoslovaquie.

Puis la saison reprend avec un premier cross à Prague : il s'agit de choisir huit coureurs pour aller se présenter à Paris. L'épreuve est rude, longue d'un peu plus de huit kilomètres et par -14°. Émile s'y contente d'abord de suivre le train, qu'impose un certain Kodak, et se détache sur la fin pour gagner avec seize mètres d'avance. C'est bien, tout n'est pas perdu. Il est évidemment sélectionné. Il attend sereinement le XIXe cross de *L'Humanité*.

18

Il y arrive donc avec son gentil sourire, son bonnet à pompon sur son crâne à présent tout à fait
déplumé, le regard étonné et ravi qu'il pose toujours sur les choses, sur les gens, et dont il ne se
départ pas jusqu'au coup de pistolet du starter.
Mais Kuts aussi est arrivé, qui attend Émile comme
on attend l'homme à abattre car, en dépit de son
âge et même si l'on ne cesse de l'enterrer trop vite,
il reste encore pour tous l'épouvantail majeur. Et
Kuts avec ses cheveux blonds, ses mèches rebelles,
ses pommettes saillantes, ses épaules puissantes, et
toujours cet air de débarquer du cuirassé Potem-
kine, le voilà qui se détache dès ce coup de feu
pour ne laisser personne le rejoindre jusqu'à la
ligne d'arrivée qu'Émile, débordé, ne franchit que
troisième. Bon, dit le doux Émile sans en faire un

drame, il faut se rendre à l'évidence, j'ai vieilli pendant que ces petits jeunes progressaient, d'accord. Mon heure est passée, c'est ma dernière saison. Reste à m'entraîner davantage pour la terminer honorablement. Or une fin honorable n'a qu'un nom : dans huit mois, les Jeux de Melbourne.

Et il retourne s'entraîner. D'abord en Hongrie, au camp de Tata, puis à Stara Boleslav, piste sur laquelle veillent de hauts arbres centenaires, hêtres majestueux et bouleaux altiers à l'ombre desquels Émile a battu la plupart de ses records. Il s'y entraîne tant qu'il en finit par négliger son apparence, fagoté dans un vieux survêtement élimé à la teinte indéfinissable, barbe de quatre jours et bonnet enfoncé jusqu'aux yeux comme un clochard. Tant qu'il finit aussi par se faire mal, contractant une hernie au niveau de l'aine droite dont on doit l'opérer.

Hôpital, silence. Long silence au creux duquel, comme toujours, commencent de proliférer toute sorte de rumeurs aussitôt démenties, suivies de démentis de ces démentis : Émile abandonne et puis non, pas du tout puisqu'il va courir à la Journée de l'armée et encore non, il est forfait pour la Journée de l'armée, Émile est très malade puis se porte comme un charme, il est interdit de Jeux pour propos séditieux mais nullement, il ira aux

Jeux, puis il n'ira aux Jeux qu'en spectateur, puis n'ira plus car il renonce. Émile raccroche. Il doit se faire opérer de nouveau. Il a repris l'entraînement, il s'entraîne comme jamais. Il ne retrouve pas sa forme, il n'avance plus, il laisse tomber, il est fini, il va revenir, il reviendra. Au passé, au futur, au présent mais surtout au passé, rarement on n'aura autant parlé de lui depuis qu'on le dit, et qu'il se dit lui-même, sur son déclin.

Il revient. Par un froid coupant, sous une grêle perforante, il revient courir dix mille mètres plus qu'honorables à Bratislava, puis, à Thorgau, vingt-cinq kilomètres dans un état de fraîcheur absolue et tout le monde change encore aussitôt d'avis. Mais bien sûr qu'il ira à Melbourne puisqu'il a repris toute sa forme, on l'y annonce au marathon ainsi qu'aux dix mille mètres, on lui prédit une cinquième médaille d'or.

Bon, Melbourne, on y va mais Émile n'est pas très optimiste, il ne croit pas trop à tout ça. Comme souvent avant une grande rencontre, il se dit fatigué. Puis il ne sent pas tellement le public australien. Il craint que celui-ci ne soit pas très habitué aux épreuves athlétiques, peu sensible à la grâce de leur simplicité, plutôt porté vers des sports moins abstraits comme les courses de chevaux ou de motocyclettes. D'autre part il s'est disputé avec ses sélectionneurs qui refusent finalement de l'inscrire aux dix mille mètres, ne lui accordant que le départ du marathon.

Bref il n'est pas de très bonne humeur en arrivant pour la deuxième fois dans l'hémisphère sud. Arrivé dans son logement du village olympique, il ne se rue pas aussitôt dans la salle de bains pour vérifier encore la loi de Coriolis. Il le fera vaguement les jours suivants, mais de façon maussade et sans trop y croire, il lui semble d'ailleurs que ça ne marche plus vraiment. Tout ce qui l'amuse un peu au rayon de sa curiosité, c'est son appareil photographique tout neuf.

Pourtant, les premiers jours, les antipodes au mois d'octobre, ce n'est pas mal car c'est le printemps, parcs fleuris, mer immobile, ciel clair, nuits douces. Mais bientôt le temps change, journées pluvieuses, rafales glacées, tout le monde grelotte y compris les cygnes noirs de la baie de Port Phillip qui se réfugient le long de ses berges. Le moral n'est pas là, d'autant moins que tout le monde s'accorde à trouver ces Jeux minables au regard de ceux d'Helsinki : organisation sommaire, nourriture médiocre, équipements défaillants, cendrée irrégulière. La robinetterie hoquette, le chauffage est caractériel, les lits grinçants se révèlent trop courts comme la piscine qui n'est pas aux normes, huit millimètres lui manquant pour être vraiment olympique. Puis quand ce n'est plus le vent lourd et brûlant du désert qui souffle, peu favorable aux coureurs de fond, c'est celui qui déferle à présent du sud, glacial, tourbillonnant, provenant du proche Antarctique et pas terrible non plus pour eux.

Mais, le jour du marathon, c'est peu dire que le soleil est revenu. Il produit un enfer surchauffé, un four d'une violence accablante et qui pèse telle une masse sur les épaules des coureurs. Comme il convient de se protéger, Émile troque son bonnet trop épais pour une casquette de toile légère mais insuffisante. La course se dispute sur une route de banlieue aride et poussiéreuse, où l'ombre n'existe pas et où le macadam, effrité par endroits, bout sous leurs semelles. Cette route, nommée Dandenong Road, est bordée de pavillons à stores vénitiens devant lesquels se presse une foule énorme et peu disciplinée d'hommes rouges de bière, de jeunes femmes en robe légère, amazones en pantalon de cow-boy, joueuses de tennis ayant déserté leur court et joueurs de cricket leur pelouse, battoir sur l'épaule ou raquette sous le bras.

Après le coup de pistolet dont, vu le contexte, encore heureux qu'une balle perdue n'ait pas provoqué d'accident, c'est parti. On s'y met tous et, pendant les vingt premiers kilomètres, Émile reste prudemment bon dixième. Dans ce début, tout ne va pas si mal pour lui : il fait son malin, salue la foule à grands coups de casquette, prend même le temps de poser pour les photographes amateurs. C'est à la grande montée que ça se gâte, la longue montée précédant le drapeau rouge qui marque le carrefour où la route reprend la direction de Melbourne. Mais comme ça se gâte surtout pour la plupart de ses rivaux qui se mettent à tituber, n'avancent plus qu'en zigzag, s'épuisent et abandonnent l'épreuve l'un après l'autre, Émile en profite pour remonter en cinquième place pendant les dix kilomètres suivants au bout desquels c'est lui qui flanche.

La mécanique cède d'abord dans les détails, un genou qui lâche un peu à gauche, une épine nerveuse dans l'épaule, l'amorce d'une crampe au jarret droit, puis rapidement les douleurs et les pannes se croisent, se connectent en réseau jusqu'à ce que ce soit tout son corps qui se désorganise. Même s'il tâche cependant de courir toujours régulièrement, Émile ne cesse de perdre du terrain et n'offre plus que le spectacle d'une foulée brisée, mal équarrie, incohérente, n'est bientôt plus qu'un automate livide et déréglé, dont les yeux se creusent et se bordent de cernes de plus en plus profonds. Il a jeté sa casquette qui, sous l'affreux soleil, se mettait à peser comme un heaume.

Au trentième kilomètre, hors d'haleine et brisé, il s'arrête près d'une des tables installées le long du parcours et qui supportent des seaux d'eau, des éponges, de quoi boire. Émile s'asperge abondamment, boit un demi-verre d'eau, considère la route en semblant hésiter, réfrène ce qui lui reste d'un premier élan pour repartir, vide son verre puis repart. Il est reparti n'étant plus qu'un pantin désarticulé, foulée cassée, corps disloqué, regard éperdu, comme abandonné de son système nerveux. Il tiendra ainsi jusqu'au stade mais, vaincu, arrivé sixième dans la dernière ligne droite, Émile tombe à genoux et laisse aller sa tête dans l'herbe jaune et reste ainsi de longues minutes pendant lesquelles il pleure et il vomit et c'est fini, tout est fini.

19

Pas tout.

Pas tout car, dans les dix années qui vont suivre cet instant, où le regard d'Émile enregistre en très gros plan cette herbe jaune et rase sur laquelle il vomit, pas mal de choses encore vont se passer.

D'abord, à son retour d'Australie, on va le nommer colonel. Jusqu'ici, c'est après une victoire qu'il montait en grade mais on dirait cette fois que c'est pour services rendus, pour couronner la fin de sa carrière. Non seulement il vient de faire en effet savoir qu'il renonce à la compétition mais c'est aussi la première fois, depuis de longues années, qu'il n'occupe plus la première place dans le classement des champions de son pays : il n'est plus que numéro cinq derrière une discobole et un lanceur de poids. Donc on le promeut puis on le recycle :

chargé de tâches d'éducation, il est nommé directeur des sports au ministère de la défense.

Mais on dirait aussi que l'envie ne lui passe pas de courir encore et toujours. Six mois après Melbourne, de vieux copains à lui, qui sont au demeurant les meilleurs spécialistes nationaux des cinq mille mètres, viennent lui demander de leur rendre un service. Bien volontiers, leur dit Émile, qu'est-ce que je peux faire pour vous. Eh bien voilà, disent les copains, il s'agirait de courir avec nous, tu vois, comme au bon vieux temps. Mais j'ai laissé tomber, leur dit Émile, vous savez bien. Pas du tout, lui expliquent patiemment les copains, il ne s'agit pas du tout de ça. Il n'est pas question de compétition, bien sûr. Bien sûr qu'ils le savent, qu'Émile s'est déclaré définitivement hors du coup. Non, ils lui demandent seulement de conduire la course, de leur assurer un train convenable pour les aider à mieux s'exprimer. Bon, dit Émile qui ne demande pas mieux que de leur donner ce coup de main. Bon, si c'est ça. Et le jour dit, sous un vent pluvieux, il démarre gentiment avec eux. Mais quand il se retourne à cinq tours de la fin, il ne voit plus personne derrière lui que des silhouettes indistinctes essoufflées, maugréant à l'autre bout de la piste. Il n'a pas fait exprès, il ne peut pas s'en empêcher.

Constatant cela, et comme on l'y encourage, Émile va se produire encore un peu, avec des bonheurs divers. Courant un dix mille mètres aux IIIᵉ Jeux sportifs de Moscou, sur la piste en brique finement moulée du stade Lénine, il sprinte éperdument avec un inconnu pour finir sixième derrière lui. C'est émouvant, c'est dérisoire mais, trois mois plus tard à Odessa, il est vainqueur sur cette même distance comme à ses plus beaux jours. C'est émouvant, c'est compliqué.

Trop compliqué : comme on l'invite en Espagne à participer au cross de Saint-Sébastien, Émile veut bien mais cette fois ce sera la dernière. Il s'y rend en avion, ce vol comportant une escale à Orly. En descendant du Tupolev, il aperçoit une meute de reporters et de photographes massés à la sortie de l'aéroport, au-delà des contrôles de douane. Émile est familier de cette situation, Émile est attendri, c'est gentil d'être là, ça fait toujours plaisir de voir qu'on ne vous oublie pas. Mais quand il a passé la douane il n'y a plus personne, de la meute ne reste qu'un stagiaire attardé qui rembobine sa pellicule sans le regarder, les autres ayant quitté les lieux après avoir mitraillé sous tous ses angles et toutes ses courbes Elizabeth Taylor qui arrivait de Londres au même moment.

C'est dans un sentiment mêlé qu'Émile se présente donc à l'épreuve de Saint-Sébastien, course à obstacles et sur terrain varié. Et c'est encore parti : vent dans le dos, les athlètes ont pris un départ rapide au coup de pistolet. Ceux qui s'aventurent en tête perdent rapidement pied dans les labours et sur la butte précédant la piste hippique. C'est là qu'Émile choisit d'attaquer à son tour, accélérant cependant que six coureurs seulement parviennent à le suivre jusqu'à l'épingle à cheveux. Se retrouvant à présent face au vent, Émile raccourcit sa foulée pour lutter contre les tourbillons puis, plus grimaçant que nature, transfiguré par l'effort comme aux plus beaux jours, il attaque le sous-bois et entre dans l'hippodrome pour gagner avec vingt mètres d'avance, salué par des milliers de mouchoirs agités. On acclame le vétéran, on l'honore, on le respecte, on lui offre un sombrero et un fox-terrier basque que Dana nomme Pedro, qu'ils garderont longtemps.

C'est sa dernière victoire, autant s'en tenir là. Autant raccrocher pour de bon, à présent, comme convenu. D'ailleurs son statut n'est plus le même : depuis deux ans, Émile ne se rend plus au cross de *L'Humanité* qu'au titre d'entraîneur. S'il continue de courir quotidiennement, ce n'est plus que pour lui-même, pour s'entretenir, c'est-à-dire moins. Et comme il s'entraîne moins, il a plus de temps pour s'intéresser à ce qui se passe dans son pays.

Ce qui ne manque pas d'intérêt. Pendant ces dix années qui ont suivi Melbourne, premier secrétaire du Parti et président de la République se sont succédé après la mort de Gottwald sans que se passe grand-chose de mieux, même si on a changé d'étiquette : de démocratie populaire, la Tchécoslovaquie est devenue république socialiste, on ne voit pas bien la nuance mais bon. Rien de bien neuf, toujours aussi peur, toujours aussi froid, tout ça traîne toujours dans la grisaille et la désespérance, les files d'attente et les lettres anonymes.

Or voici que surgit un nouveau premier secrétaire nommé Alexander Dubcek et qui paraît vouloir changer un peu d'ambiance. En substance, Dubcek voudrait une nouvelle étiquette, de démocratie socialiste cette fois, ce dont on ne se soucie guère à première vue, mais il déclare aussi que le pays doit pratiquer une ouverture européenne. Ce qui, à deux mille kilomètres au nord-est de Prague, fait froncer un premier sourcil de la sœur aînée du socialisme.

Mais Dubcek ne s'en tient pas là. Le voilà qui se met à prendre des mesures qu'on n'aurait pas osé imaginer. Suppression de la censure. Tolérance religieuse. Réhabilitation des anciens dirigeants condamnés lors des grands procès de Prague. Libération d'auteurs emprisonnés pour délit d'opinion. Liberté pour tout le monde de voyager à l'étranger. Rétablissement de la légalité et du droit. Bref il semblerait que tout se dégèle. On voit de ces choses qu'on n'aurait jamais crues. On voit, à la télévision, des citoyens de base prendre la parole pour y interpeller ministres et dirigeants – cependant qu'à Moscou la sœur aînée fronce les sourcils de plus en plus.

Dès lors tout commence à bouger pas mal. La peur s'effilochant, la vie quotidienne prend une autre allure. Du coup l'on se met à se parler, à se parler spontanément dans la rue, en famille, au travail, où l'on se taisait toujours et n'écoutait personne. On se réunit, on discute, on échange, on commente, on se sent beaucoup plus en forme, on dirait même qu'il fait moins froid. On va respirer librement, sans cette vieille crainte de chaque instant, on va pouvoir envisager une Tchécoslovaquie nouvelle, socialiste et libérale à la fois. Communiste, bon, d'accord puisqu'on ne peut pas faire autrement, mais on va tâcher de trouver une nouvelle manière de vivre en communiste, et surtout de vivre mieux.

Excepté quelques staliniens nostalgiques, tout

cela plaît à tout le monde, Émile aussi trouve ça très bien. Lui qui a eu la chance de voyager, qui a entrevu à l'étranger une liberté de parole et de mouvements inconnue chez lui, ne peut que suivre et soutenir attentivement les progrès de cette libéralisation. Quand il compare ce que propose Dubcek avec ce qu'ont donné Novotny et les autres, il ne peut que soutenir Dubcek. Son ralliement rendu public est d'autant plus spectaculaire qu'Émile demeure, même retiré des stades, l'homme le plus populaire de son pays. Tout le monde est de plus en plus content.

Ça dure un peu moins d'un an cependant que, de son côté, la sœur aînée s'impatiente de plus en plus. Jusqu'à ce que l'impatience se transforme en colère, la colère en exaspération. Jusqu'à, douze ans après Melbourne, une nuit d'août à Prague.

20

Les Soviétiques sont entrés en Tchécoslovaquie. Ils y sont arrivés par avion et en chars
d'assaut. D'abord par un vol de l'Aeroflot d'où
un groupe de parachutistes en civil, appartenant
aux unités d'élite Spetsnaz, est discrètement des-
cendu pour prendre le contrôle de l'aéroport de
Prague. Puis par d'autres avions frappés de l'étoile
rouge, des chasseurs Mig et de gigantesques Anto-
nov An-12 contenant du matériel lourd ainsi que
la 103ᵉ division aéroportée de la Garde. Celle-ci
s'est mise en mouvement vers le centre de Prague,
investissant en chemin le palais présidentiel. Puis
sept mille unités blindées mécanisées des troupes
du pacte de Varsovie, massées aux frontières du
pays, ont convergé vers sa capitale pour l'investir
avec cinq cent mille soldats.

Ce sont des chars de modèle T-54, T-55 et T-62, et les Spetsnaz sont équipés de pistolets Makarov, de fusils d'assaut AK-47 ou de leurs variantes à crosse pliable, de mitrailleuses légères RPK-74, de fusils de précision SVD Dragunov et de lance-grenades monocoup AGS-17. On pourrait juger un tel arsenal approprié à une guerre ou à une invasion, mais pas du tout. Il ne s'agit pas non plus d'une petite annexion en douceur comme il y a trente ans, non. Il s'agit juste de ce que les Soviétiques viennent mettre un peu d'ordre dans un régime dont ils se pensent maîtres, dont l'évolution actuelle leur apparaît comme une fâcheuse dérive et qu'il convient de normaliser rapidement. Ils arrivent donc avec les armées de cinq pays du pacte et ils s'installent, voilà tout.

Une dizaine d'heures suffisent pour que la ville tombe aux mains des parachutistes puis, après que la jonction avec les forces terrestres s'est réalisée, les chars soviétiques pénètrent Prague en force. Après quoi c'est en moins de vingt-quatre heures que s'effectue l'occupation physique du pays.

Quand ce petit monde entre dans Prague, ce n'est pas glacial qu'est l'accueil, c'est aussitôt hostile et résistant. On se rassemble en pleine nuit sur la place Wenceslas pour faire face aux T-55 stationnés çà et là, moteurs ronflants. Quand leurs conducteurs tentent de s'en extraire, ils sont accueillis par des huées gigantesques. Puis, tirées depuis les toits du Musée national, quelques balles viennent bientôt s'écraser sur la carapace des chars. Les tankistes regagnent précipitamment leurs habitacles, les capots se referment, les tourelles tournent sur elles-mêmes, tous les blindés se mettent à tirer à la fois. Les vitrines du musée explosent, des fragments de façades s'effondrent.

Cependant que des échos de rafales, mitrailleuses et pistolets-mitrailleurs, commencent de claquer un peu partout en ville, les manifestants se ruent maintenant vers l'immeuble de la radio qui continue d'émettre et dans la direction duquel progressent aussi les chars. Tirant d'abord en l'air puis de plus en plus bas, ils bousculent, défoncent, écrasent les voitures garées là, frayant un chemin aux fantassins chargés de l'occupation de l'immeuble. Puis la radio est occupée à huit heures du matin, les émissions des studios réguliers sont coupées. C'est réglé.

Les jours suivants, à Prague, la population oppose une résistance passive. On essaie bien d'abord de discuter avec les soldats mais, comme ça ne donne pas grand-chose, on prend vite quelques habitudes. Si des militaires soviétiques égarés dans la ville demandent leur chemin, il devient naturel de leur désigner toujours la direction opposée. De même, on prend soin de déplacer systématiquement les panneaux indicateurs pour semer le trouble chez les intrus. Et pendant ces premières nuits d'occupation, on continue de se rassembler place Wenceslas.

Émile a rejoint les manifestants. Il aura quarante-six ans le mois prochain. Il est toujours bel homme malgré sa calvitie, toujours ouvert, toujours très calme même si ce soir contre son habitude il ne sourit pas. Ce soir on ne voit pas ses grandes dents.

À peine arrivé sur les lieux de la manifestation, on le reconnaît aussitôt. Dis quelque chose, Émile, enfin, l'exhorte-t-on, tu ne peux pas rester sans réagir. Émile est d'abord un petit peu embarrassé. Ce n'est certes pas qu'il n'ait rien à dire mais, s'il a appris à discuter avec les journalistes, il n'a pas l'expérience des foules. Peu importe, il prend la parole : forçant sa voix fluette, le héros national s'exprime, dénonce, condamne l'invasion des forces du pacte. Parlant de son point de vue d'athlète, et comme les prochains Jeux olympiques vont avoir lieu dans quelques semaines à Mexico, il improvise un petit discours dans lequel il invite l'armée à respecter une trêve olympique. Comme ce n'est pas très clair, il précise sa pensée en appelant même, à l'occasion de ces Jeux, au boycott de l'URSS.

Les conséquences de tels propos ne sauraient se faire attendre. Dès le lendemain, Émile est renvoyé de son poste au ministère. Et dans les jours qui suivent il est exclu du Parti, radié de l'armée, interdit de séjour à Prague. Il n'est pas le seul : dans le même temps, trois cent mille membres du Parti sont également exclus de ses rangs, trois cent mille autres non-communistes sont exclus de la vie publique, trois cent mille encore sont licenciés ou reclassés à des postes inférieurs.

Voici donc Émile au chômage. S'il n'est évidemment plus autorisé à voyager, il pourrait bien tenter de quitter le pays, d'autres le tentent et y parviennent, mais il ne veut même pas penser à s'exiler. Il n'aurait d'ailleurs pas le temps d'y penser car, quelques jours plus tard, il est expédié comme manutentionnaire dans les mines d'uranium de Jachymov, au nord-ouest du pays, près de la frontière allemande.

Jachymov est un gisement exploité à ciel ouvert où l'uranium est broyé par concassage, sans que nul système d'arrosage ou de ventilation ne diminue l'irradiation ni ne réduise les concentrations de poussières et de radon, gaz hautement toxique qui se propage depuis les installations de conditionnement, les collines de déblais, les réservoirs de déchets liquides. Le vent diffuse un peu partout des particules radioactives cependant que l'eau s'infiltre dans les nappes phréatiques et les ruisseaux, contaminant la faune, la flore, les gens.

C'est là qu'Émile va être employé à divers postes, ce qui pourrait lui rappeler ses affectations chez Bata sauf qu'on y plaisante encore moins. Après qu'on a concassé la gangue, on la concentre par oxydation, extraction, précipitation, opérations auxquelles Émile est initié, passant à l'occasion aux ateliers de lavage, de séchage et d'emballage. Il pousse et tire aussi, au besoin, des wagonnets de minerai. Cela pendant six ans au cours desquels, par je ne sais quel subterfuge, Émile à trois reprises trouve le moyen, sous un déguisement, de venir voir Dana qui est restée assignée à résidence à Prague.

Au bout de ces six années, la sœur aînée du socialisme et ses fondés de pouvoir pragois, qui ont fait d'Alexander Dubcek un jardinier, décident de rappeler Émile dans la capitale avec l'idée de le promouvoir en faisant de lui un éboueur. Cela semble une vraiment bonne idée, histoire de l'humilier, mais il apparaît vite que ce n'est pas une si bonne idée que ça. D'abord, quand il parcourt les rues de la ville derrière sa benne avec son balai, la population reconnaît aussitôt Émile, tout le monde se met aux fenêtres pour l'ovationner. Puis, ses camarades de travail refusant qu'il ramasse lui-même les ordures, il se contente de courir à petites foulées derrière le camion, sous les encouragements comme avant. Tous les matins, sur son passage, les habitants du quartier où son équipe est affectée descendent sur le trottoir pour l'applaudir, vidant eux-mêmes leur poubelle dans la benne. Jamais aucun éboueur au monde n'aura été autant acclamé. Du point de vue des fondés de pouvoir, cette opération est un échec.

On le retire donc rapidement de ce poste, on l'essaie à deux ou trois autres dans l'exercice desquels le problème de sa popularité demeure. En désespoir de cause on finit par l'expédier à la campagne où il y a moins de monde qu'en ville, où l'on espère qu'il se fera moins remarquer, où il est affecté à des travaux de terrassement. Officiellement déclaré géologue, le travail d'Émile va consister maintenant à faire des trous dans la terre pour qu'on y plante des poteaux télégraphiques. Deux années passent encore ainsi, puis Émile est convoqué devant un comité qui ne l'appelle plus camarade. On lui tend un nouveau papier, on lui suggère fermement de le signer.

141

Dans ce document, il avoue comme il faut toutes ses erreurs du passé. Qu'il a eu tort de soutenir les forces contre-révolutionnaires et les révisionnistes bourgeois. Qu'il n'aurait pas dû cautionner cette cochonnerie réactionnaire de charte des deux mille mots. Il s'y déclare très content de la situation actuelle en général, très satisfait de sa vie personnelle en particulier. Il y affirme que, malgré les rumeurs, il n'a jamais été éboueur ni terrassier. Qu'il n'a jamais été persécuté, ni même jamais dégradé, et qu'il n'a pas besoin de percevoir sa retraite de colonel de réserve. Qu'il touche en effet un salaire plus que satisfaisant pour son travail aux forages géologiques, fonction dans laquelle il découvre un monde neuf et passionnant. Il signe. Il signe son autocritique, comment faire autrement pour avoir la paix. Il signe et, peu après, le voilà pardonné. Le purgatoire est terminé. On lui confie, à Prague, un poste en sous-sol au Centre d'information des sports.

Bon, dit le doux Émile. Archiviste, je ne méritais sans doute pas mieux.